国有企业物资采购合同法律合规风险防范

王赟◎著

中国电力出版社
CHINA ELECTRIC POWER PRESS

内容提要

本书分为物资采购决策和实施、物资采购合同条款、物资采购合同签订、物资采购合同履行、卖方发生特殊情况的处理等五章，采取"实务指引＋以案释险＋法条索引"的体例，通过梳理相关法律法规、司法解释、政策文件、监管规定和69个真实的审计、诉讼和行政处罚案例，识别国有企业物资采购全流程可能涉及的民商事法律风险和监管合规风险，并提出相应的风险防范措施，此外还附有相关法条中的相应条款。

本书可以作为国有企业物资采购合同依法合规管理的便捷工具书，主要供国有企业物资采购管理人员，物资采购合同签订、履行经办人员，以及为物资采购提供法律服务保障或对其进行审计、巡视（巡察）监督的人员阅读使用，也可作为对国有企业员工进行普法教育的通俗读本。

图书在版编目（CIP）数据

国有企业物资采购合同法律合规风险防范 / 王赟著. — 北京：中国电力出版社，2024.3

ISBN 978-7-5198-8726-1

Ⅰ. ①国… Ⅱ. ①王… Ⅲ. ①国有企业—采购管理—合同法—基本知识—中国 Ⅳ. ① D923.6

中国国家版本馆 CIP 数据核字（2024）第 048279 号

出版发行：中国电力出版社
地　　址：北京市东城区北京站西街 19 号（邮政编码 100005）
网　　址：http://www.cepp.sgcc.com.cn
责任编辑：赵　鹏（010-63412555）
责任校对：黄　蓓　张晨荻
装帧设计：张俊霞
责任印制：钱兴根

印　　刷：廊坊市文峰档案印务有限公司
版　　次：2024 年 3 月第一版
印　　次：2024 年 3 月北京第一次印刷
开　　本：880 毫米 ×1230 毫米　32 开本
印　　张：5.875
字　　数：140 千字
定　　价：28.00 元

前　言

物资采购合同是国有企业经营活动中最常见的合同类型。笔者自2013年以来一直从事大型国有企业物资采购的法律服务保障工作，在实践中深刻体会到国有企业物资采购合同的法律合规风险防范具有显著的特殊性：一方面，国有企业作为市场主体，根据《民法典》等民商事法律签订、履行物资采购合同，和非国有企业一样面临着由于合同条款不完备、对卖方资质审查不严格，卖方不按合同约定履行、以货款债权进行担保融资或被法院强制执行、宣告破产等原因可能引发的民商事法律风险；另一方面，国有企业物资采购必须履行严格的决策程序，大多数需通过招标采购等法定方式进行，还要落实优化营商环境、支持民营经济和中小企业发展等国家政策要求，采购决策、实施程序的规范性，采购条件、合同条款的公平性，货款支付的及时性等都受到严格的政府监管和审计、巡视（巡察）等外部监督，这又决定了国有企业物资采购合同不能完全适用意思自治的民商事法律原则，而必须在相关法律、法规和政策的框架内进行，与非国有企业相比，面临着明显的监管合规风险。

目前关于物资采购的书籍大多是从招标采购、供应链管理等角度展开，对民商事法律风险防范的论述相对较少；涉及物资采购合同的法律书籍通常侧重于《民法典》及最高人民法院相关司法解释的条文理解与适用，与国有企业物资采购业务实践的结合不够紧密，针对国有企业物资采购因外部监管监督而存在的特殊注意事项，还缺乏较为全面的梳理和总结，同时在行文风格上往往法学专业性较强，对于非法律专业的物资采购从业人员而言，可读性、实务指导性都有所不足。鉴于这一情况，笔者根据相关法律、法规和政策规定，分析归纳真实案例体现的经验教训，并总结物资采购法律服务保障工作经验，编写了本书，试图针对国有企业物资采购合同管理的全流程、各环节工作，从民商事法律关系和外部监管监督两个维度，全面系统地梳理识别相关法律合规风险，并提出简明扼要、通俗易懂的风险防范实务指引，为国有企业相关从业人员依法合规开展物资采购合同管理工作提供帮助和借鉴。

全书分为物资采购决策和实施、物资采购合同条款、物资采购合同签订、物资采购合同履行、卖方发生特殊情况的处理等五章，覆盖物资采购合同管理全生命周期。体例采取“实务指引＋以案释险＋法条索引”的模式：针对每一个业务环节或实务要点，首先通过分析提炼相关法律、法规、政策规定和案例经验教训，从规范操作、加强管理、依法维权等多个角度，以简洁清晰的条目形式提出风险防范实务指引；再配以真实的审计、诉讼或行政处罚案例，直观展现行政、审计机关对国有企业物资采购的监管监督重点，以及法律合规风险管控不到位可能造成的不利后果，发挥以案释险的警示作用；最后提供相应的法条索引，方便读者查阅法律合规依据。全书既明确“应当怎么做”，也分析“未按照指引做”可能导致的法律合规风险，整理收录的69个案例中的审计案例均来源于审计署审计结果公告，诉讼案例大多数由中级以上人民法院作出判决，具有较强的权威性、时效性和指导性，可以作为国有企业物资采购合同管理的实务指导书、风险提示书与法律合规工具书。

在笔者从事物资采购法律服务保障工作过程中，一直得到国网法律部、物资部和国网物资公司领导、同事的关心、支持、指导和帮助，他们的专业意见和丰富实践为本书的编写提供了许多灵感、思路和素材，在此一并表示衷心的感谢!

限于作者水平，书中疏漏之处在所难免，恳请读者不吝指正。如有意见建议，请反馈至作者电子邮箱（837510908@qq.com）。

目 录

第一章

物资采购决策和实施

根据相关法律法规和国资国企监管要求，国有企业在签订物资采购合同前应当履行相应的决策程序，作出科学、合法的采购决策，并通过规范的程序和流程实施采购，为合同的签订、履行奠定基础。

第一节　物资采购决策

一、物资采购的决策程序

实务指引

1. 国有企业应按照公司章程和内部制度规定的权限和流程，根据拟采购物资的类型、金额等因素，规范履行会议集体决策、分管负责人批准、相关部门会签采购审批单等相应决策程序。

2. 大宗物资采购属于应当履行“三重一大”决策程序的重大

项目安排事项，应由企业党委（党组）、董事会、未设董事会的经理层或经董事会授权的经理层等决策主体以会议的形式，对采购标的、采购方式、付款方式等事项作出集体决策，不得以个别征求意见等其他方式作出决策。因抢险救灾、事故应急等特殊紧急情况下由个人或少数人临时决定的，应在事后及时向上述决策主体报告，临时决定人应当对决策情况负责，决策主体应在事后按程序予以追认。

3. 大宗物资采购未履行“三重一大”决策程序，其他物资采购未按规定履行相应决策程序，均属于违规决策，存在审计风险；对未履行决策程序负有责任的相关国有企业领导人员可依照相关法律法规给予相应处理，给国有企业造成经济损失的，还应当责令其承担经济赔偿责任。

4. 如因物资采购决策程序执行不严格，企业法定代表人或工作人员等个人擅自对外进行采购，此种行为属于职务行为，企业不能以未按章程或内部制度规定履行决策程序为由否认相关采购合同成立生效，可能因履行不符合自身利益的采购合同而发生相应损失。

以案释险

案例1　大宗物资采购未履行“三重一大”决策程序的审计风险

审计署在关于多家中央企业年度资产负债损益情况审计结果的公告中，通报“有11个单笔100万美元以上的采购事项未履行规定的集体决策程序，涉及金融2999.96万元”“未经集体决策，采购物资34.37亿元；以化整为零方式规避集体决策，采购物资9.67亿

元”“未经总经理办公会集体决策，将某大宗设备的采购付款方式由融资租赁变更为以自有资金支付”等问题。

案例 2　企业总经理聘用他人采购和接收货物、支付货款、确认供应商及所欠货款均系代表企业的职务行为，企业应履行付款等合同义务——甲消防公司与乙建材公司买卖合同纠纷 [江苏省高级人民法院（2021）苏民再 48 号]

2012 年 11 月 1 日，甲消防公司某市分公司签订某商业广场消防设备安装工程承包合同。2015 年 1 月 20 日，乙建材公司与甲消防公司某市分公司工地负责人陆某对账，陆某在乙建材公司提供的关于采购消防器材的客户对账表上签名确认，后甲消防公司某市分公司一直未付货款。2017 年 9 月 5 日至 2018 年 12 月 19 日，乙建材公司法定代表人周某多次以短信、微信向包某（时任甲消防公司某市分公司总经理）催要货款，包某在回复中均表示正在想办法筹款，要求乙建材公司再给点时间。2019 年 2 月 20 日，甲消防公司某市分公司被甲消防公司登记注销。乙建材公司起诉甲消防公司要求付款，甲消防公司抗辩称，乙建材公司提供的送货单、对账表及其他单据中注明的客户名均为包某，而非甲消防公司某市分公司，可以表明乙建材公司当时不认可甲消防公司某市分公司为案涉消防器材的买受人，因此，乙建材公司与甲消防公司之间不存在涉案消防器材的买卖合同关系。

法院认为，包某是甲消防公司某市分公司总经理，其实际负责并完成案涉工程，向乙建材公司支付部分货款、认可案涉工程消防器材系乙建材公司供应以及承认尚欠部分货款等行为均系代表甲消防公司某市分公司的职务行为；包某聘用陆某采购和接收物资亦系履行职务行为的一部分，陆某在工地现场签收确认消防器材的数量，在对账单、客户对账表上签字确认相应货款金额形成对双方债权债务的确认。因此乙建材公司与甲消防公司某市分公司之间存在买卖合同关系，甲消防公司应当支付货款。

法条索引

中共中央办公厅、国务院办公厅印发关于进一步推进国有企业贯彻落实“三重一大”决策制度的意见（中办发〔2010〕17号）

二、“三重一大”事项的主要范围

……

（五）重大项目安排事项，是指对企业资产规模、资本结构、盈利能力以及生产装备、技术状况等产生重要影响的项目的设立和安排。主要包括年度投资计划，融资、担保项目，期权、期货等金融衍生业务，重要设备和技术引进，采购大宗物资和购买服务，重大工程建设项目，以及其他重大项目安排事项。

二、物资采购决策不得违反反垄断法

实务指引

1. 企业如决策拟与同行业、同地区企业等具有竞争关系的经营者[1]开展联合采购，或在行业协会组织下进行联合采购，应注意不得达成或实施垄断协议：

---

[1] 包括处于同一相关市场进行竞争的实际经营者和可能进入相关市场进行竞争的潜在经营者。

（1）固定或者变更采购价格，包括：固定或者变更采购价格水平、变动幅度或者折扣、手续费等其他费用，约定采用据以计算采购价格的标准公式、算法、平台规则，限制参与联合采购的经营者确定采购价格的自主权，或通过其他方式固定或者变更采购价格。

（2）分割原材料采购市场，包括：划分原料、半成品、零部件、相关设备等原材料的采购区域、种类、数量、时间或者供应商，或通过其他方式分割原材料采购市场。

（3）限制购买新技术、新设备，包括：限制购买、使用新技术、新工艺，限制购买、租赁、使用新设备、新产品，或通过其他方式限制购买新技术、新设备。

（4）联合抵制交易，包括：联合拒绝采购特定供应商的物资，或通过其他方式联合抵制向特定供应商采购物资。

2. 国有企业如由于行业特点或特许经营地位等因素，是某种特定物资的主要使用者和采购方，有可能被认定为在该特定物资的相关市场内具有能够控制价格、数量或者其他交易条件，或者能够阻碍、影响其他经营者进入该相关市场能力的市场支配地位，应注意不得决策实施滥用市场支配地位的采购行为：

（1）以不公平的低价采购物资，包括：明显低于其他企业在相同或者相似市场条件下购买同种物资或者可比较物资的价格，明显低于本企业在其他相同或者相似市场条件区域购买同种物资或者可比较物资的价格，在成本基本稳定的情况下超过正常幅度降低购买价格，采购价格的降价幅度明显高于供应商成本降低幅度。

（2）没有正当理由[1]，拒绝向特定供应商进行采购，如实质性削减向特定供应商的采购数量，拖延、中断与特定供应商的现有采购交易，拒绝与特定供应商进行新的交易，通过设置特定供应商难以接受的价格、与特定供应商进行其他交易等限制性条件，使特定供应商难以与本企业进行交易。

（3）没有正当理由[2]，直接限定，或者采取惩罚性或激励性措施等方式变相限定供应商的交易行为，包括：限定供应商只能与其进行交易，或只能与其指定的经营者进行交易，或不得与特定经营者进行交易。

（4）没有正当理由[3]，在采购时附加其他不合理的条件，如对合同期限、支付方式、物资的运输及交付方式或者相关服务的提供方式等附加不合理的限制，附加与采购标的无关的交易条件。

（5）没有正当理由[4]，对条件相同的供应商在采购条件上实行差别待遇，如实行不同的采购价格、数量、品种、品质等级，实行不同的付款条件、交付方式。

3. 企业在采购活动中实施垄断协议、滥用市场支配地位等垄断

---

[1] 正当理由包括：因不可抗力等客观原因无法进行交易，特定供应商有不良信用记录或者出现经营状况恶化等情况，影响采购交易安全，与特定供应商进行交易将使采购方利益发生不当减损，特定供应商明确表示或者实际不遵守公平、合理、无歧视的采购方采购平台规则，以及能够证明行为具有正当性的其他理由。

[2] 正当理由包括：为满足产品安全要求所必需，为保护知识产权、商业秘密或者数据安全所必需，为保护针对交易进行的特定投资所必需，以及能够证明行为具有正当性的其他理由。

[3] 正当理由包括：符合正当的行业惯例和交易习惯，为满足产品安全要求所必需，为实现特定技术所必需，为保护供应商和消费者利益所必需，以及能够证明行为具有正当性的其他理由。

[4] 正当理由包括：差别待遇是根据供应商实际需求实施且符合正当的交易习惯和行业惯例，以及能够证明其具有正当性的其他理由。

行为，将受到责令停止违法行为、没收违法所得、并处罚款等行政处罚，并记入信用记录向社会公示；企业的法定代表人、主要负责人和直接责任人员对实施垄断行为负有个人责任的，也会受到罚款的行政处罚。利益受到损害的供应商可要求企业承担赔偿损失等民事责任；人民检察院如认为垄断行为损害社会公共利益，可以对企业提起民事公益诉讼。

以案释险

案例 3　行业协会组织企业从指定供应商采购原材料，构成垄断协议——某市预拌混凝土协会及其会员企业垄断协议案 [赣市监反垄断处（2021）1-9 号]

某市 8 家预拌混凝土企业按照该市预拌混凝土协会关于“统一从协会指定的石场购进原料，禁止私自在外采购原料”的通知要求进行采购，市场监督管理部门认定该行为构成排斥、限制竞争的垄断协议。此外，该 8 家企业还在协会的组织下，实施了共同变更商品混凝土价格、限制各企业生产数量、统一承接和分配工程等其他达成、实施垄断协议的行为。市场监督管理部门对某市预拌混凝土协会处以罚款 50 万元的行政处罚，并建议某市民政局依法撤销其社会团体法人登记；对 8 家企业处以责令停止违法行为，没收违法所得，2018 年销售额 8%、3% 不等的罚款，罚没款共计 2.86 亿元。

法条索引

反垄断法（主席令第 116 号）

第十七条　禁止具有竞争关系的经营者达成下列垄断协议：

（一）固定或者变更商品价格；

（二）限制商品的生产数量或者销售数量；

（三）分割销售市场或者原材料采购市场；

（四）限制购买新技术、新设备或者限制开发新技术、新产品；

（五）联合抵制交易；

（六）国务院反垄断执法机构认定的其他垄断协议。

第二十二条第一款 禁止具有市场支配地位的经营者从事下列滥用市场支配地位的行为：

（一）以不公平的高价销售商品或者以不公平的低价购买商品；

（二）没有正当理由，以低于成本的价格销售商品；

（三）没有正当理由，拒绝与交易相对人进行交易；

（四）没有正当理由，限定交易相对人只能与其进行交易或者只能与其指定的经营者进行交易；

（五）没有正当理由搭售商品，或者在交易时附加其他不合理的交易条件；

（六）没有正当理由，对条件相同的交易相对人在交易价格等交易条件上实行差别待遇；

（七）国务院反垄断执法机构认定的其他滥用市场支配地位的行为。

第五十六条第一款 经营者违反本法规定，达成并实施垄断协议的，由反垄断执法机构责令停止违法行为，没收违法所得，并处上一年度销售额百分之一以上百分之十以下的罚款，上一年度没有销售额的，处五百万元以下的罚款；尚未实施所达成的垄断协议的，可以处三百万元以下的罚款。经营者的法定代表人、主要负责人和直接责任人员对达成垄断协议负有个人责任的，可以处一百万元以下的罚款。

第五十七条　经营者违反本法规定，滥用市场支配地位的，由反垄断执法机构责令停止违法行为，没收违法所得，并处上一年度销售额百分之一以上百分之十以下的罚款。

第六十条　经营者实施垄断行为，给他人造成损失的，依法承担民事责任。

经营者实施垄断行为，损害社会公共利益的，设区的市级以上人民检察院可以依法向人民法院提起民事公益诉讼。

第六十四条　经营者因违反本法规定受到行政处罚的，按照国家有关规定记入信用记录，并向社会公示。

三、决策内容应经济、合理

实务指引

1. 决策采购的物资应当确为生产经营所需，充分考虑物资市场价格、现有库存、耗用速度等因素合理确定采购数量，避免出现库存内有大量同类物资或物资需求量少时仍进行采购，导致物资积压闲置和资金浪费的情况。

2. 除非拟采购物资的主流销售模式是生产制造商不直接销售，而是以代理商、经销商等为主要经营渠道，否则一般应直接向生产制造商采购，避免因通过代理商、经销商渠道采购增加采购环节和采购成本。

3. 决策确定的采购标的、数量、渠道等不经济、不合理，将导致国有资金低效使用、国有资产闲置浪费、经营成本不当增加等后果，存在审计风险，相关责任人员也可能受到问责和处理。

以案释险

案例 4　采购标的、数量和渠道不经济、不合理的审计风险

审计署在关于多家中央企业年度财务收支审计结果的公告中，通报“为某项目采购的 1.7 亿元催化剂闲置 3 年多，增加资金成本 2903.03 万元”“在库存材料一直未领用的情况下，持续从 29 家供应商采购 572 种相同航材”等采购标的、数量不合理问题，“违规增加零部件采购代理环节，增加成本 3340.79 万元”“将 2.11 亿元应直接采购的材料转交代理商采购，增加了采购成本”“未按规定直接从生产厂家采购铝材，而是通过 4 家代理商企业采购，增加采购代理成本 2729.2 万元”等违规通过代理商渠道采购的问题。

第二节　物资采购实施

一、采取具有竞争性的采购方式

实务指引

1. 国有企业采购物资均使用国有资金，如物资用于工程建设项目，且达到法律规定的依法必须招标的标准，除存在法律规定的例外情形[1]，必须采取招标方式进行采购。依法应当采用招标方式

[1] 例外情形包括：涉及国家安全、国家秘密、抢险救灾或者属于利用扶贫资金实行以工代赈、需要使用农民工等特殊情况，不适宜进行招标；需要采用不可替代的专利或者专有技术；采购人依法能够自行建设、生产或者提供；已通过招标方式选定的特许经营项目投资人依法能够自行建设、生产或者提供；需要向原中标人采购工程、货物或者服务，否则将影响施工或者功能配套要求等。

进行采购的，除非存在法律规定的例外情形[1]，并经项目核准部门或行政监管部门认定，否则必须进行公开招标，不得采取邀请招标方式。

2. 由于国有资金的特殊性质，国有企业采购不属于依法必须招标范围的物资，也应根据具体情况采取招标、竞争性谈判、询价等具有竞争性的方式（以下统称“竞争性方式”）。除非有合理理由[2]，一般不得因其不属于依法强制招标范围而采取单一来源采购、直接采购等方式（以下统称“非竞争性方式”），否则也存在审计风险。

3. 对于依法必须招标或者应当采取竞争性方式采购的物资，经招标采购程序签订的合同履行完毕后，如还需采购同类物资，除非有上述的例外情形或合理理由，否则应重新通过招标或其他竞争性方式进行采购，不能以已经履行了招标采购程序为理由，直接沿用之前的招标采购结果并与原供应商按照原价格（或在原价格上进行调整后的价格）签订新的采购合同。

4. 应招标未招标、应当公开招标采取邀请招标、无合理理由采取非竞争性方式采购的，都存在审计风险，相关责任人员可依据违规投资经营责任追究制度被问责或处理；应招标未招标而签订的采购合同无效，相关企业还可能受到罚款等行政处罚。

---

❶　例外情形包括：技术复杂、有特殊要求或者受自然环境限制，只有少量潜在投标人可供选择；采用公开招标方式的费用占项目合同金额的比例过大；涉及国家安全、国家秘密或者抢险救灾，适宜招标但不宜公开招标等。

❷　合理理由包括：市场上只有唯一供应商，发生了不可预见的紧急情况不能从其他供应商处采购，为保证与现有物资的兼容性、配套性所需等。

以案释险

案例5　未按照规定履行招标采购程序的审计风险

审计署在关于多家中央企业年度财务收支审计结果的公告中，通报“未经招标，直接沿用以往招标结果，直接确定物资供应商294家，签订物资采购合同32.64亿元”“某产业基地项目违规以邀请招标代替公开招标，涉及金额21.9亿元”“采购项目合同到期后直接延长合同期限，未遵循集中采购选择供应商的应有程序”“未经招标，直接签订食品、纸巾等非依法必须招标项目采购合同”等问题；在关于中央部门单位2022年度预算执行等情况审计结果的公告中，通报某部委下属单位“将本应公开招标的项目以邀请方式进行采购，涉及合同金额434.54万元”的问题。

案例6　依法必须招标项目，未经招标程序签订的合同无效——甲机器公司与乙太阳能公司买卖合同纠纷［最高人民法院（2015）民二终字第36号］

甲机器公司于2011年7月11日与乙太阳能公司签订了《30兆瓦金太阳示范工程组件供货协议书》，约定甲机器公司向乙太阳能公司购买晶硅光伏发电组件，乙太阳能公司负责相关项目的勘察、设计和安装。之后合同未实际履行，乙太阳能公司提起诉讼，主张其为履行合同做了大量的准备工作，投入了大量的人力、物力和财力，但甲机器公司无故拒绝履行合同，请求判令甲机器公司按照合同约定支付违约金并赔偿损失。

法院认为，经调查发现，双方签署案涉《供货协议书》的真实目的是用以申报有关建设项目，其所约定的买卖晶硅光伏发电组件的内容不具有真实的约束双方履行合同的意图。且本案甲机器公司

申报的厂区连片并网发电项目的重要材料采购依法都必须进行公开招投标，双方明知国家强制招投标制度和案涉项目所需的晶硅光伏发电组件的买卖应当通过招投标程序进行，但未经招投标程序而签订《供货协议书》，明显违反《招标投标法》有关规定，该协议书即使不存在双方当事人意思表示不真实的情况，但由于违反法律的强制性规定，有损国家和社会公共利益，亦应认定无效，乙太阳能公司主张甲机器公司无正当理由拒不履行合同构成违约，理由不成立，依法不予支持。

法条索引

招标投标法（主席令第 86 号）

第三条第一款　在中华人民共和国境内进行下列工程建设项目包括项目的勘察、设计、施工、监理以及与工程建设有关的重要设备、材料等的采购，必须进行招标：

（一）大型基础设施、公用事业等关系社会公共利益、公众安全的项目；

（二）全部或者部分使用国有资金投资或者国家融资的项目；

（三）使用国际组织或者外国政府贷款、援助资金的项目。

第四十九条　违反本法规定，必须进行招标的项目而不招标的，将必须进行招标的项目化整为零或者以其他任何方式规避招标的，责令限期改正，可以处项目合同金额千分之五以上千分之十以下的罚款；对全部或者部分使用国有资金的项目，可以暂停项目执行或者暂停资金拨付；对单位直接负责的主管人员和其他直接责任人员依法给予处分。

国务院办公厅关于建立国有企业违规经营投资责任追究制度的

意见（国办发〔2016〕63号）

二、责任追究范围

（二）购销管理方面。……未按照规定进行招标或未执行招标结果。

必须招标的工程项目规定（国家发展改革委令第16号）

第二条 全部或者部分使用国有资金投资或者国家融资的项目包括：

（一）使用预算资金200万元人民币以上，并且该资金占投资额10%以上的项目；

（二）使用国有企业事业单位资金，并且该资金占控股或者主导地位的项目。

第三条 使用国际组织或者外国政府贷款、援助资金的项目包括：

（一）使用世界银行、亚洲开发银行等国际组织贷款、援助资金的项目；

（二）使用外国政府及其机构贷款、援助资金的项目。

第五条 本规定第二条至第四条规定范围内的项目，其勘察、设计、施工、监理以及与工程建设有关的重要设备、材料等的采购达到下列标准之一的，必须招标：

……

（二）重要设备、材料等货物的采购，单项合同估算价在200万元人民币以上；

……

同一项目中可以合并进行的勘察、设计、施工、监理以及与工程建设有关的重要设备、材料等的采购，合同估算价合计达到前款规

定标准的，必须招标。

国家发展改革委办公厅关于进一步做好《必须招标的工程项目规定》和《必须招标的基础设施和公用事业项目范围规定》实施工作的通知（发改办法规〔2020〕770号）

一、准确理解依法必须招标的工程建设项目范围

……

（二）关于项目与单项采购的关系。16号令第二条至第四条及843号文第二条规定范围的项目，其勘察、设计、施工、监理以及与工程建设有关的重要设备、材料等的单项采购分别达到16号令第五条规定的相应单项合同价估算标准的，该单项采购必须招标；该项目中未达到前述相应标准的单项采购，不属于16号令规定的必须招标范畴。

……

（四）关于同一项目中的合并采购。16号令第五条规定的"同一项目中可以合并进行的勘察、设计、施工、监理以及与工程建设有关的重要设备、材料等的采购，合同估算价合计达到前款规定标准的，必须招标"，目的是防止发包方通过化整为零方式规避招标。其中"同一项目中可以合并进行"，是指根据项目实际，以及行业标准或行业惯例，符合科学性、经济性、可操作性要求，同一项目中适宜放在一起进行采购的同类采购项目。

（五）关于总承包招标的规模标准。对于16号令第二条至第四条规定范围内的项目，发包人依法对工程以及与工程建设有关的货物、服务全部或者部分实行总承包发包的，总承包中施工、货物、服务等各部分的估算价中，只要有一项达到16号令第五条规定相应标准，即施工部分估算价达到400万元以上，或者货物部分达到200万元以上，或者服务部分达到100万元以上，则整个总承包发包应当招标。

二、审查供应商是否具有法定许可资质

实务指引

1. 生产者、销售者依法具有特定许可资质的物资，如采取竞争性方式进行采购，应在招标采购文件中明确规定供应商应具有相关许可资质，并在投标文件中提供相应证明材料，评标时对于经审查不具备相应许可资质的供应商，应否决其投标；如采取非竞争性方式，也应审查拟与之签订合同的供应商是否具有相关许可资质。

2. 目前国有企业采购涉及的常见物资中，生产者、销售者应具有特定许可资质的主要有：

（1）特种设备[1]的生产者应当取得负责特种设备安全监督管理部门的生产许可；

（2）实行生产许可证制度的工业产品[2]的生产者应具有相应的工业产品生产许可证；

（3）食品的生产者应具有相应类别[3]的食品生产许可证；

---

[1] 特种设备是指对人身和财产安全有较大危险性的锅炉、压力容器（含气瓶）、压力管道、电梯、起重机械、客运索道、大型游乐设施、场（厂）内专用机动车辆，以及法律、行政法规规定的其他特种设备。

[2] 目前包括：建筑用钢筋、水泥、广播电视传输设备、人民币鉴别仪、预应力混凝土铁路桥简支梁、电线电缆、危险化学品、危险化学品包装物及容器、化肥、直接接触食品的材料等产品。

[3] 分为粮食加工品，食用油、油脂及其制品，调味品，肉制品，乳制品，饮料，方便食品，饼干，罐头，冷冻饮品，速冻食品，薯类和膨化食品，糖果制品，茶叶及相关制品，酒类，蔬菜制品，水果制品，炒货食品及坚果制品，蛋制品，可可及焙烤咖啡产品，食糖，水产制品，淀粉及淀粉制品，糕点，豆制品，蜂产品，保健食品，特殊医学用途配方食品，婴幼儿配方食品，特殊膳食食品，其他食品等类别。

（4）危险化学品[1]的生产者、销售者应当具有危险化学品安全生产许可证、销售许可证；

（5）民用爆炸物品[2]的生产者、销售者应当具有民用爆炸物品安全生产许可证、销售许可证。

3. 企业与不具备法定许可资质的供应商签订的采购合同因违反法律强制性规定而无效，未审核供应商是否具有法定许可资质就签订合同，本身也存在过错，如由于不能正常使用物资进行生产经营而发生利润损失、受到第三方索赔等，也不能基于合同要求供应商予以赔偿。

4. 购买并使用由不具有相应许可资质的供应商生产、销售的特种设备等物资的，企业可受到责令停止使用、罚款等行政处罚；如采购的物资因生产者、销售者不具有许可资质存在质量问题，并导致安全生产事故，企业可能被追究安全生产责任，相关责任人员可能受到刑事处罚。

以案释险

案例 7　卖方未取得特种设备生产许可，买方与其签订的特种设备采购合同无效——甲生物科技公司与乙机械设备公司买卖合同纠纷［福建省三明市中级人民法院（2023）闽 04 民终 556 号］

甲生物科技公司与乙机械设备公司于 2020 年 11 月 2 日签订

---

❶ 危险化学品具有毒害、腐蚀、爆炸、燃烧、助燃等性质，对人体、设施、环境具有危害的剧毒化学品和其他化学品，具体目录由应急管理部会同有关部门确定、公布。

❷ 民用爆炸物品用于非军事目的、列入民用爆炸物品品名表的各类火药、炸药及其制品和雷管、导火索等点火、起爆器材，具体品名表由工业和信息化部会同公安部制定、公布。

《产品买卖合同》，约定甲生物科技公司向乙机械设备公司购买某型杀菌釜一台。甲生物科技公司收货后发现该杀菌釜未按国家相关规定安装压力设备铭牌，无法办理特种设备登记，遂要求乙机械设备公司安装设备铭牌，乙机械设备公司一直以各种理由拖延。2022年5月30日，该设备被当地市场监督管理局以未办理特种设备登记不得投入使用为由进行查封。甲生物科技公司向法院起诉，要求解除买卖合同，乙机械设备公司返还预付款108500元，赔偿甲生物科技公司因无法使用杀菌釜而造成的订单损失人民币110400元。

法院认为，《特种设备安全法》第十八条规定，国家按照分类监督管理的原则对特种设备生产实行许可制度。杀菌釜作为特种设备，生产经营关系到公共利益，属于特许经营产品。乙机械设备公司经营范围为一般项目，不含特种设备制造，案涉《产品买卖合同》违反特许经营的法律规定，属于无效合同。依据《民法典》第五百条规定，有过错一方应基于缔约过失责任向对方当事人进行损失赔偿，赔偿的范围主要为信赖利益损失，而不是合同有效情形下通过履行可以获得的利益。因此，甲生物科技公司诉请赔偿客户退订订单的损失（即可得利益损失）缺乏法律依据，且甲生物科技公司在杀菌釜缺乏检验证明等文件，亦未办理特种设备使用登记的情况下即投入使用，具有一定过错。因此法院未支持甲生物科技公司主张乙机械设备公司赔偿订单损失的诉请。

法条索引

特种设备安全法（主席令第4号）

第十八条 国家按照分类监督管理的原则对特种设备生产实行许可制度。特种设备生产单位应当具备下列条件，并经负责特种设备

安全监督管理的部门许可，方可从事生产活动：

（一）有与生产相适应的专业技术人员；

（二）有与生产相适应的设备、设施和工作场所；

（三）有健全的质量保证、安全管理和岗位责任等制度。

第八十四条　违反本法规定，特种设备使用单位有下列行为之一的，责令停止使用有关特种设备，处三万元以上三十万元以下罚款：

（一）使用未取得许可生产，未经检验或者检验不合格的特种设备，或者国家明令淘汰、已经报废的特种设备的；

……

工业产品生产许可证管理条例（国务院令第764号）

第五条　任何企业未取得生产许可证不得生产列入目录的产品。任何单位和个人不得销售或者在经营活动中使用未取得生产许可证的列入目录的产品。

第四十八条　销售或者在经营活动中使用未取得生产许可证的列入目录产品的，责令改正，处5万元以上20万元以下的罚款；有违法所得的，没收违法所得；构成犯罪的，依法追究刑事责任。

食品生产许可管理办法（国家市场监督管理总局令第24号）

第二条第一款　在中华人民共和国境内，从事食品生产活动，应当依法取得食品生产许可。

危险化学品生产企业安全生产许可证实施办法（国家安全生产监督管理总局令第89号）

第三条　企业应当依照本办法的规定取得危险化学品安全生产许可证（以下简称安全生产许可证）。未取得安全生产许可证的企业，不得从事危险化学品的生产活动。

危险化学品经营许可证管理办法（国家安全监管总局令第79号）

第三条第一款 国家对危险化学品经营实行许可制度。经营危险化学品的企业，应当依照本办法取得危险化学品经营许可证（以下简称经营许可证）。未取得经营许可证，任何单位和个人不得经营危险化学品。

民用爆炸物品生产许可实施办法（工业和信息化部令第49号）

第二条 在中华人民共和国境内设立民用爆炸物品生产企业应当依据本办法取得民用爆炸物品生产许可。

民用爆炸物品销售许可实施办法（工业和信息化部令第29号）

第三条 从事《民用爆炸物品品名表》所列产品销售活动的企业，必须依照本办法申请取得《民用爆炸物品销售许可证》。

民用爆炸物品生产企业凭《民用爆炸物品生产许可证》，可以销售本企业生产的民用爆炸物品。

三、审查供应商提供的物资是否满足法定强制性要求

实务指引

1. 如法律针对特定物资规定必须满足通过审查认证、检验检测等强制性要求，则供应商所提供的物资必须满足。通过竞争性方式进行采购的，招标采购文件应明确上述要求，评标时如发现供应商

提供的产品不满足，应予以否决；采取非竞争性采购方式的，应将产品是否满足上述要求作为确定唯一供应商的考虑因素。

2. 目前国有企业采购涉及的常见物资中，法律规定应满足强制性要求的主要有：

（1）接入公用电信网的电信终端设备、无线电通信设备和涉及网间互联的电信设备必须获得工业和信息化部颁发的进网许可证；

（2）列入强制性产品认证（3C 认证）目录[1]的产品必须经过认证并标注认证标志；

（3）列入《网络关键设备和网络安全专用产品目录》[2]的网络安全专用产品应当按照《信息安全技术网络安全专用产品安全技术要求》等相关国家标准的强制性要求，由具备资格的机构安全认证合格或者安全检测符合要求；

（4）涉及国家安全、国计民生、社会公共利益的商用密码产品，应当由具备资格的商用密码检测、认证机构检测认证合格；

（5）以销售为目的制造列入《实施强制管理的计量器具目录》，且监管方式为型式批准的计量器具新产品的，应当经省级市场监督管理部门型式批准。

3. 购买并使用不满足法定强制性要求的物资，企业可能被相关的行业监管机关处以停止使用、罚款等行政处罚；如因物资不满足法定强制性要求导致安全生产、网络安全、信息保密等方面事故，

---

[1] 目前适用的目录为《市场监管总局关于优化强制性产品认证目录的公告》（国家市场监督管理总局公告 2020 年第 18 号）附件《强制性产品认证目录描述与界定表（2020 年修订）》，包括十七大类、103 小类产品。

[2] 目前适用的目录为《国家互联网信息办公室、工业和信息化部、公安部、国家认证认可监督管理委员会关于调整〈网络关键设备和网络安全专用产品目录〉的公告》（国家互联网信息办公室、工业和信息化部、公安部、国家认证认可监督管理委员会公告 2023 年第 2 号）附件《网络关键设备和网络安全专用产品目录》，包括 34 类设备 / 产品。

企业及相关责任人员可能因未严格履行法定审查职责被追究相应责任。

法条索引

电信设备进网管理办法（工业和信息化部令第 28 号）

第三条 国家对接入公用电信网的电信终端设备、无线电通信设备和涉及网间互联的电信设备实行进网许可制度。

实行进网许可制度的电信设备必须获得工业和信息化部颁发的进网许可证；未获得进网许可证的，不得接入公用电信网使用和在国内销售。

强制性产品认证管理规定（国家市场监督管理总局令第 61 号）

第二条 为保护国家安全、防止欺诈行为、保护人体健康或者安全、保护动植物生命或者健康、保护环境，国家规定的相关产品必须经过认证（以下简称强制性产品认证），并标注认证标志后，方可出厂、销售、进口或者在其他经营活动中使用。

国家互联网信息办公室、工业和信息化部、公安部、财政部、国家认证认可监督管理委员会关于调整网络安全专用产品安全管理有关事项的公告（国家互联网信息办公室、工业和信息化部、公安部、财政部、国家认证认可监督管理委员会公告 2023 年第 1 号）

一、自 2023 年 7 月 1 日起，列入《网络关键设备和网络安全专用产品目录》的网络安全专用产品应当按照《信息安全技术网络安全专用产品安全技术要求》等相关国家标准的强制性要求，由具备资格的机构安全认证合格或者安全检测符合要求后，方可销售或者提供。

商用密码管理条例（国务院令第 760 号）

第二十条 涉及国家安全、国计民生、社会公共利益的商用密

码产品，应当依法列入网络关键设备和网络安全专用产品目录，由具备资格的商用密码检测、认证机构检测认证合格后，方可销售或者提供。

计量器具新产品管理办法（国家市场监督管理总局令第68号）

第三条第一款　生产者以销售为目的制造列入《实施强制管理的计量器具目录》，且监管方式为型式批准的计量器具新产品的，应当经省级市场监督管理部门型式批准后，方可投入生产。

四、不得针对供应商和产品设置不合理要求

实务指引

1. 进行物资采购时，对供应商的要求应当合理，不得存在下列限制性、排斥性的情形：

（1）对供应商的要求应与采购项目的具体特点和实际需要相适应，与合同履行具有相关性，不得设定过高的资质资格条件或者业绩、奖项要求；

（2）不得将具有特定行政区域或者特定行业的业绩、奖项作为投标条件、加分条件、中标条件；

（3）不得将政府部门、行业协会商会或者其他机构对供应商作出的荣誉奖励和慈善公益证明等作为投标条件、中标条件；

（4）不得要求供应商必须为某种特定的所有制形式或者组织形式；

（5）不得要求供应商具备特定股东背景、达到一定规模条件和

需满足超过项目实际需要的财务指标；

（6）不得要求供应商具备国家已经取消的资质资格，或在国家已经取消资质资格的领域具备其他资质资格，或取得非强制资质认证，也不得将具备上述资质认证作为评标时的加分条件；

（7）不得设置供应商应在本地设立机构、办公场所或缴纳税收社保等本地化要求；

（8）不得根据特定供应商情况，量身定制指向该供应商的资格要求或评分条件。

2. 物资的技术规格要求应当与采购项目的具体特点和实际需要相适应，与合同履行具有相关性，不得限定或者指定特定的专利、商标、品牌、原产地、供应商或者检验检测认证机构，不能将具有已经被取消的许可证件（如计算机信息系统安全专用产品销售许可证、商用密码产品销售许可证），或通过非法律强制要求的审查认证、检验检测作为供应商所提供物资必须满足的条件。

3. 通过竞争性方式进行物资采购的，招标采购文件设定的资格、技术、商务条件应遵循上述要求，也不得根据上述具有排斥性、限制性的条件，认定只有唯一供应商满足要求并采取非竞争性采购方式。

4. 国有企业在采购活动中对供应商或产品设置不合理条件，违反法律规定和国家关于优化营商环境、促进公平竞争的政策精神，存在审计风险，还可能受到责令改正、罚款等行政处罚。

案例8　对供应商或产品设置不合理要求的审计风险

审计署在关于中央政策落实情况跟踪审计结果的公告中，通

报多家国有单位存在“要求供应商具有已被取消的环境污染治理资质证书”“在综合管理类事务的采购文件中要求投标人具有生产建设类资质证书”“在采购文件中设定投标人注册地在当地或法定代表人是当地籍”“投标人需在当地设有办事处或分支机构，工作人员大于10人”“在同等质量、价格的条件下，对使用本地产品占比80%以上的给予政策加分”“对投标企业的注册资本设置限制条件、差别对待中小企业”等问题；在中央部门单位2021年度预算执行等情况审计结果的公告中，通报某部委下属单位存在“在采购中违规设置指向特定供应商的评分条件，涉及合同金额1.22亿元”的问题。

法条索引

招标投标法（主席令第86号）

第十八条　招标人不得以不合理的条件限制或者排斥潜在投标人，不得对潜在投标人实行歧视待遇。

第五十一条　招标人以不合理的条件限制或者排斥潜在投标人的，对潜在投标人实行歧视待遇的，强制要求投标人组成联合体共同投标的，或者限制投标人之间竞争的，责令改正，可以处一万元以上五万元以下的罚款。

招标投标法实施条例（国务院令第709号）

第三十二条　招标人有下列行为之一的，属于以不合理条件限制、排斥潜在投标人或者投标人：

……

（二）设定的资格、技术、商务条件与招标项目的具体特点和实际需要不相适应或者与合同履行无关；

（三）依法必须进行招标的项目以特定行政区域或者特定行业的业绩、奖项作为加分条件或者中标条件；

……

（五）限定或者指定特定的专利、商标、品牌、原产地或者供应商；

（六）依法必须进行招标的项目非法限定潜在投标人或者投标人的所有制形式或者组织形式；

……

工程项目招投标领域营商环境专项整治工作方案（发改办法规〔2019〕862号）

二、整治范围和内容

（二）整治内容

根据《招标投标法》《招标投标法实施条例》等有关规定，清理、排查、纠正在招投标法规政策文件、招标公告、投标邀请书、资格预审公告、资格预审文件、招标文件以及招投标实践操作中，对不同所有制企业设置的各类不合理限制和壁垒。重点针对以下问题：

……

2. 违法限定潜在投标人或者投标人的所有制形式或者组织形式，对不同所有制投标人采取不同的资格审查标准。

3. 设定企业股东背景、年平均承接项目数量或者金额、从业人员、纳税额、营业场所面积等规模条件；设置超过项目实际需要的企业注册资本、资产总额、净资产规模、营业收入、利润、授信额度等财务指标。

4. 设定明显超出招标项目具体特点和实际需要的过高的资质资格、技术、商务条件或者业绩、奖项要求。

5. 将国家已经明令取消的资质资格作为投标条件、加分条件、中标条件；在国家已经明令取消资质资格的领域，将其他资质资格作为投标条件、加分条件、中标条件。

6. 将特定行政区域、特定行业的业绩、奖项作为投标条件、加分条件、中标条件；将政府部门、行业协会商会或者其他机构对投标人作出的荣誉奖励和慈善公益证明等作为投标条件、中标条件。

7. 限定或者指定特定的专利、商标、品牌、原产地、供应商或者检验检测认证机构（法律法规有明确要求的除外）。

8. 要求投标人在本地注册设立子公司、分公司、分支机构，在本地拥有一定办公面积，在本地缴纳社会保险等。

发展改革委、工业和信息化部、公安部、住房城乡建设部、交通运输部、水利部、农业农村部、商务部、审计署、广电总局、能源局、铁路局、民航局关于严格执行招标投标法规制度进一步规范招标投标主体行为的若干意见（发改法规〔2022〕1117号）

一、强化招标人主体责任

（三）规范招标文件编制和发布。……招标文件中资质、业绩等投标人资格条件要求和评标标准应当以符合项目具体特点和满足实际需要为限度审慎设置，不得通过设置不合理条件排斥或者限制潜在投标人。依法必须招标项目不得提出注册地址、所有制性质、市场占有率、特定行政区域或者特定行业业绩、取得非强制资质认证、设立本地分支机构、本地缴纳税收社保等要求，不得套用特定生产供应者的条件设定投标人资格、技术、商务条件。

五、按照规定程序规范实施采购

实务指引

1. 采购活动应按照相关法律和企业内部制度规定的程序实施，并留存履行评审、比价、审批等程序的证明材料。以招标方式进行采购需遵循的法定程序要求主要有：

（1）公开招标项目应当在法律规定的指定媒介（“中国招标投标公共服务平台”或者项目所在地省级电子招标投标公共服务平台）发布资格预审公告或者招标公告，如在不同媒介发布，内容应当一致；

（2）招标文件、资格预审文件的发售、澄清、修改的时限，或者确定的提交资格预审申请文件、投标文件的时限应当符合招标投标法及其实施条例规定，不得短于法律规定的最短时限[1]；

（3）不得接受未通过资格预审的供应商提交的投标文件，也不得接受未按照规定密封（加密）或未在投标截止时间前递交到指定地点或提交至电子招标投标交易平台的投标文件；

（4）应当按照规定组建评标委员会，由招标人的代表和有关技术、经济等方面的专家组成，成员人数为五人以上单数，均不

---

[1] 目前法律规定的最短时限是：资格预审文件或者招标文件的发售期不得少于5日（机电产品国际招标不得少于5个工作日）；依法必须进行招标的项目提交资格预审申请文件的时间自资格预审文件停止发售之日起不得少于5日，自招标文件开始发出之日起至投标人提交投标文件截止之日止最短不得少于20日；澄清或者修改的内容可能影响资格预审申请文件或者投标文件编制的，应当在提交资格预审申请文件截止时间至少3日前，或者投标截止时间至少15日前以书面形式通知所有获取资格预审文件或者招标文件的潜在投标人。

得存在应当回避的情形，其中技术、经济等方面的专家不得少于成员总数的三分之二，除技术复杂、专业性强或者国家有特殊要求的招标项目，采取随机抽取方式确定的专家难以保证胜任，可以由招标人直接确定外，专家都应当从评标专家库内相关专业的专家名单中随机抽取，国有金融企业招标采购项目的专家还应当是外部专家；

（5）应当将评标委员会提交的中标候选人名单在发布资格预审公告或者招标公告的媒介至少公示 3 天，公示期满如没有异议，必须确定排名第一的中标候选人为中标人，并在相同媒介将中标结果向社会公开。

2. 国有企业招标采购如有程序违规或瑕疵，存在审计风险，可能受到责令改正、罚款等行政处罚，相关责任人员可能受到处分。招标采购程序违规或瑕疵对中标结果造成实质性影响，且不能采取补救措施予以纠正的，还会导致中标无效，必须重新招标或者评标，影响按计划及时满足物资需求，供应商也可能要求赔偿因此产生的损失。

案例 9　采购程序不规范的审计风险

审计署在关于多家中央企业、中央金融企业年度财务收支审计结果的公告中，通报“以摇号方式从评标委员会推荐的中标候选人中确定中标人，涉及合同金额 8.59 亿元”“违规指定非第一名中标候选人中标，涉及合同金额 2.55 亿元”“采购项目评审人员未按规定从成员库中随机抽取，而是由采购申请部门提出建议名单后由相关人员直接指定”“集中采购评审专家库均为内部人员、未按规定引入外部专家”等问题；在关于中央部门单位 2021 年度预算执行等情况审计结果的公告中，通报某部委下属企业“部分物资采购无比价记录或审批流程，涉及采购金额 1.22 亿元”问题；在关于中央部门单位 2022 年度预算执行等情况审计结果的公告中，通报某部委下属企业“在设备招标采购中，未按规定将评审得分最高的供应商确定为中标人，而是参与投标的 3 家企业共同中标，涉及合同金额 697.19 万元”问题。

法条索引

招标投标法（主席令第 86 号）

第三十七条 评标由招标人依法组建的评标委员会负责。

依法必须进行招标的项目，其评标委员会由招标人的代表和有关技术、经济等方面的专家组成，成员人数为五人以上单数，其中技术、经济等方面的专家不得少于成员总数的三分之二。

前款专家应当从事相关领域工作满八年并具有高级职称或者具有同等专业水平，由招标人从国务院有关部门或者省、自治区、直辖市人民政府有关部门提供的专家名册或者招标代理机构的专家库内的相关专业的专家名单中确定；一般招标项目可以采取随机抽取方式，特殊招标项目可以由招标人直接确定。

与投标人有利害关系的人不得进入相关项目的评标委员会；已经进入的应当更换。

评标委员会成员的名单在中标结果确定前应当保密。

招标投标法实施条例（国务院令第 709 号）

第十五条第三款 依法必须进行招标的项目的资格预审公告和招标公告，应当在国务院发展改革部门依法指定的媒介发布。在不同

媒介发布的同一招标项目的资格预审公告或者招标公告的内容应当一致。指定媒介发布依法必须进行招标的项目的境内资格预审公告、招标公告，不得收取费用。

第六十三条第一款 招标人有下列限制或者排斥潜在投标人行为之一的，由有关行政监督部门依照招标投标法第五十一条的规定处罚：

（一）依法应当公开招标的项目不按照规定在指定媒介发布资格预审公告或者招标公告；

（二）在不同媒介发布的同一招标项目的资格预审公告或者招标公告的内容不一致，影响潜在投标人申请资格预审或者投标。

第六十四条 招标人有下列情形之一的，由有关行政监督部门责令改正，可以处10万元以下的罚款：

（一）依法应当公开招标而采用邀请招标；

（二）招标文件、资格预审文件的发售、澄清、修改的时限，或者确定的提交资格预审申请文件、投标文件的时限不符合招标投标法和本条例规定；

（三）接受未通过资格预审的单位或者个人参加投标；

（四）接受应当拒收的投标文件。

招标人有前款第一项、第三项、第四项所列行为之一的，对单位直接负责的主管人员和其他直接责任人员依法给予处分。

第七十条第一款 依法必须进行招标的项目的招标人不按照规定组建评标委员会，或者确定、更换评标委员会成员违反招标投标法和本条例规定的，由有关行政监督部门责令改正，可以处10万元以下的罚款，对单位直接负责的主管人员和其他直接责任人员依法给予处分；违法确定或者更换的评标委员会成员作出的评审结论无效，依法重新进行评审。

第七十三条 依法必须进行招标的项目的招标人有下列情形之一的，由有关行政监督部门责令改正，可以处中标项目金额10‰以下的罚款；给他人造成损失的，依法承担赔偿责任；对单位直接负责的主管人员和其他直接责任人员依法给予处分：

……

（三）不按照规定确定中标人；

第八十一条 依法必须进行招标的项目的招标投标活动违反招标投标法和本条例的规定，对中标结果造成实质性影响，且不能采取补救措施予以纠正的，招标、投标、中标无效，应当依法重新招标或者评标。

招标公告和公示信息发布管理办法（国家发展和改革委员会令第10号）

第二条 本办法所称招标公告和公示信息，是指招标项目的资格预审公告、招标公告、中标候选人公示、中标结果公示等信息。

第八条 依法必须招标项目的招标公告和公示信息应当在"中国招标投标公共服务平台"或者项目所在地省级电子招标投标公共服务平台（以下统一简称"发布媒介"）发布。

评标委员会和评标方法暂行规定（国家发展和改革委员会、工业和信息化部等九部令第23号）

第十条 评标委员会的专家成员应当从依法组建的专家库内的相关专家名单中确定。

按前款规定确定评标专家，可以采取随机抽取或者直接确定的方式。一般项目，可以采取随机抽取的方式；技术复杂、专业性强或者国家有特殊要求的招标项目，采取随机抽取方式确定的专家难以保

证胜任的，可以由招标人直接确定。

国有金融企业集中采购管理暂行规定（财金〔2018〕9号）

第十条　国有金融企业总部可建立或联合建立集中采购项目评审专家库。评审专家成员由国有金融企业财务、技术等内部专业人员，以及相关技术、经济等方面的外部专家组成。如不具备上述建库条件的企业，应合理使用招标代理机构等外部的评审专家库。

六、存在不良记录或受制裁供应商的处理

实务指引

1. 应对被人民法院列入失信被执行人、被市场监督管理机关列入严重违法失信名单或经营异常企业名单，或由于以往存在违法失信行为等原因被本企业列入惩戒限制名单等存在不良记录的供应商实施禁入，不得向其采购物资，否则存在审计风险，其他供应商也可以质疑采购结果的合法性、公平性，要求重新进行采购，影响采购活动的顺利开展。如因向存在不良记录的供应商采购的原材料、设备等物资存在质量问题，导致企业产品不合格或发生安全生产事故，企业及相关负责人员可能因未严格履行对供应商的审查责任，被依据《产品质量法》《安全生产法》追究相应责任。

2. 不得向根据联合国安理会决议受到制裁，或被我国外交部、商务部等部门依法列入反制清单、不可靠实体清单，禁止我国企业与其进行交易、合作的企业采购物资。对于受到欧美等外国制裁的企业，从防范次级制裁风险角度，一般也不宜向其采购物资；但是如果针对供应商受到的外国制裁，我国做出了阻断该制裁在我国发

生效力的决定，或该外国制裁属于对我国企业采取的歧视性限制措施，则不得仅以该企业受制裁为由拒绝向其采购物资。

3. 通过竞争性方式进行物资采购的，应在评标时审查投标人是否存在不良记录或受到制裁等应予禁入的情形，如存在应否决其投标；通过非竞争性方式进行物资采购的，也应查询拟与之签订采购合同的特定供应商是否存在上述情形，如存在也应避免向该供应商采购物资。

案例 10　未拒绝存在不良记录供应商投标的审计风险

审计署在关于某中央企业 2013 年度财务收支审计结果的公告中，通报“未按照内部规定对存在串通投标行为的 34 家供应商处以限制 12 个月内参与投标的处罚，导致 17 家串标企业在新的招标活动中中标，合同金额 17.2 亿元”“违反内部规定，同意因发生安全事故而处于禁止投标处罚期内的企业参与招标并中标，合同金额 2.57 亿元”等问题。

法条索引

最高人民法院、国家发展和改革委员会、工业和信息化部、住房和城乡建设部、交通运输部、水利部、商务部、国家铁路局、中国民用航空局关于在招标投标活动中对失信被执行人实施联合惩戒的通知（法〔2016〕285 号）

四、联合惩戒措施

……

（一）限制失信被执行人的投标活动

依法必须进行招标的工程建设项目，招标人应当在资格预审公告、招标公告、投标邀请书及资格预审文件、招标文件中明确规定对失信被执行人的处理方法和评标标准，在评标阶段，招标人或者招标代理机构、评标专家委员会应当查询投标人是否为失信被执行人，对属于失信被执行人的投标活动依法予以限制。

企业信息公示暂行条例（国务院令第654号）

第十八条　县级以上地方人民政府及其有关部门应当建立健全信用约束机制，在政府采购、工程招投标、国有土地出让、授予荣誉称号等工作中，将企业信息作为重要考量因素，对被列入经营异常名录或者严重违法企业名单的企业依法予以限制或者禁入。

反外国制裁法（主席令第90号）

第四条　国务院有关部门可以决定将直接或者间接参与制定、决定、实施本法第三条规定的歧视性限制措施的个人、组织列入反制清单。

第五条　除根据本法第四条规定列入反制清单的个人、组织以外，国务院有关部门还可以决定对下列个人、组织采取反制措施：

（一）列入反制清单个人的配偶和直系亲属；

（二）列入反制清单组织的高级管理人员或者实际控制人；

（三）由列入反制清单个人担任高级管理人员的组织；

（四）由列入反制清单个人和组织实际控制或者参与设立、运营的组织。

第六条　国务院有关部门可以按照各自职责和任务分工，对本法第四条、第五条规定的个人、组织，根据实际情况决定采取下列一种或者几种措施：

……

（三）禁止或者限制我国境内的组织、个人与其进行有关交易、合作等活动；

第十一条 我国境内的组织和个人应当执行国务院有关部门采取的反制措施。

对违反前款规定的组织和个人，国务院有关部门依法予以处理，限制或者禁止其从事相关活动。

第十二条 任何组织和个人均不得执行或者协助执行外国国家对我国公民、组织采取的歧视性限制措施。

组织和个人违反前款规定，侵害我国公民、组织合法权益的，我国公民、组织可以依法向人民法院提起诉讼，要求其停止侵害、赔偿损失。

不可靠实体清单规定（商务部令 2020 年第 4 号）

第十条 对列入不可靠实体清单的外国实体，工作机制根据实际情况，可以决定采取下列一项或者多项措施（以下称处理措施），并予以公告：

（一）限制或者禁止其从事与中国有关的进出口活动；

阻断外国法律与措施不当域外适用办法（商务部令 2021 年第 1 号）

第七条第一款 工作机制经评估，确认有关外国法律与措施存在不当域外适用情形的，可以决定由国务院商务主管部门发布不得承认、不得执行、不得遵守有关外国法律与措施的禁令（以下简称禁令）。

第九条 当事人遵守禁令范围内的外国法律与措施，侵害中国公民、法人或者其他组织合法权益的，中国公民、法人或者其他组织

可以依法向人民法院提起诉讼，要求该当事人赔偿损失；但是，当事人依照本办法第八条规定获得豁免的除外。

七、采购进口物资应办理的手续

实务指引

1. 进口限制进口的货物，应事先取得相应的批准或许可，且不得擅自超出批准或许可的范围；进口实行自动进口许可管理或关税配额管理的货物，也应依法办理相应手续。具体要求是：

（1）进口有数量限制、实行配额管理的限制进口货物，应向进口配额管理部门（商务部和国务院有关经济管理部门）提出下一年度进口配额的申请，凭进口配额管理部门发放的配额证明向海关办理报关验放手续；

（2）进口实行许可证管理的限制进口货物，应当在采购前向进口许可证管理部门（商务部或者国务院有关部门）提出申请，凭进口许可证管理部门发放的进口许可证，向海关办理报关验放手续；

（3）进口属于自动进口许可管理的货物，应当在办理海关报关手续前，向商务部或者国务院有关经济管理部门提交自动进口许可申请，凭商务部或者国务院有关经济管理部门发放的自动进口许可证明，向海关办理报关验放手续；

（4）进口实行关税配额管理的进口货物，应向进口配额管理部门提出关税配额的申请，凭进口配额管理部门发放的关税配额证明，向海关办理关税配额内货物的报关验放手续。

2. 如计划以招标方式采购原产地为中国关境外的机电产品，属于法律规定情形的，必须按照《机电产品国际招标投标实施办法（试行）》进行国际招标，不得按照国内招标程序进行采购。

3. 除按关税配额外税率进口化肥，以加工贸易方式或保税仓库、保税区、出口加工区进口原油、成品油、化肥等例外情形外，从事原油、成品油、化肥的进口业务，必须成为经国家特许获得从事国营贸易管理货物进口经营权的国营贸易企业，或经商务部备案可从事部分数量的国营贸易管理货物的进出口的非国营贸易企业。

4. 未取得相应的批准或许可，或擅自超出批准或许可的范围进口限制进口的货物，将依照海关法的有关规定受到处罚，情节严重的可能构成走私罪或者非法经营罪，依法追究刑事责任。采购依法应当国际招标的机电产品，但规避国际招标的，将受到责令限期改正、罚款等行政处罚，相关责任人员会受到处分。未经特许或备案进口原油、成品油、化肥等国营贸易管理货物的，将受到行政处罚；情节严重的，将被追究非法经营罪的刑事责任。

法条索引

货物进出口管理条例（国务院令第 332 号）

第十一条第一款 国家规定有数量限制的限制进口货物，实行配额管理；其他限制进口货物，实行许可证管理。

第二十二条第一款 基于监测货物进口情况的需要，国务院外经贸主管部门和国务院有关经济管理部门可以按照国务院规定的职责划分，对部分属于自由进口的货物实行自动进口许可管理。

第二十六条 属于关税配额内进口的货物，按照配额内税率缴纳关税；属于关税配额外进口的货物，按照配额外税率缴纳关税。

第四十五条第一款　国家可以对部分货物的进出口实行国营贸易管理。

第四十七条　实行国营贸易管理的货物，国家允许非国营贸易企业从事部分数量的进出口。

第五十一条　除本条例第四十七条规定的情形外，未列入国营贸易企业名录和指定经营企业名录的企业或者其他组织，不得从事实行国营贸易管理、指定经营管理的货物的进出口贸易[1]。

第六十四条　进口或者出口属于禁止进出口的货物，或者未经批准、许可擅自进口或者出口属于限制进出口的货物的，依照刑法关于走私罪的规定，依法追究刑事责任；尚不够刑事处罚的，依照海关法的有关规定处罚；国务院外经贸主管部门并可以撤销其对外贸易经营许可。

第六十五条　擅自超出批准、许可的范围进口或者出口属于限制进出口的货物的，依照刑法关于走私罪或者非法经营罪的规定，依法追究刑事责任；尚不够刑事处罚的，依照海关法的有关规定处罚；国务院外经贸主管部门并可以暂停直至撤销其对外贸易经营许可。

第六十八条　违反本条例第五十一条规定，擅自从事实行国营贸易管理或者指定经营管理的货物进出口贸易，扰乱市场秩序，情节严重的，依照刑法关于非法经营罪的规定，依法追究刑事责任；尚不够刑事处罚的，由工商行政管理机关依法给予行政处罚；国务院外经贸主管部门并可以暂停直至撤销其对外贸易经营许可。

机电产品国际招标投标实施办法（试行）（商务部令 2014 年第 1 号）

---

❶ 《货物进口指定经营管理办法》已废止，故已没有关于货物进口指定经营管理的限制性要求。

第二条 在中华人民共和国境内进行机电产品国际招标投标活动，适用本办法。

本办法所称机电产品国际招标投标活动，是指中华人民共和国境内的招标人根据采购机电产品的条件和要求，在全球范围内以招标方式邀请潜在投标人参加投标，并按照规定程序从投标人中确定中标人的一种采购行为。

本办法所称机电产品，是指机械设备、电气设备、交通运输工具、电子产品、电器产品、仪器仪表、金属制品等及其零部件、元器件。机电产品的具体范围见附件1。

第六条 通过招标方式采购原产地为中国关境外的机电产品，属于下列情形的必须进行国际招标：

（一）关系社会公共利益、公众安全的基础设施、公用事业等项目中进行国际采购的机电产品；

（二）全部或者部分使用国有资金投资项目中进行国际采购的机电产品；

（三）全部或者部分使用国家融资项目中进行国际采购的机电产品；

（四）使用国外贷款、援助资金项目中进行国际采购的机电产品；

（五）政府采购项目中进行国际采购的机电产品；

（六）其他依照法律、行政法规的规定需要国际招标采购的机电产品。

已经明确采购产品的原产地在中国关境内的，可以不进行国际招标。必须通过国际招标方式采购的，任何单位和个人不得将前款项目化整为零或者以国内招标等其他任何方式规避国际招标。

……

第九十三条　招标人对依法必须进行招标的项目不招标或化整为零以及以其他任何方式规避国际招标的，由相应主管部门责令限期改正，可以处项目合同金额0.5%以上1%以下的罚款；对全部或者部分使用国有资金的项目，可以通告项目主管机构暂停项目执行或者暂停资金拨付；对单位直接负责的主管人员和其他直接责任人员依法给予处分。

原油、成品油、化肥国营贸易进口经营管理试行办法（对外贸易经济合作部令2002年第27号）

第十二条　除本办法第二十条、第二十一条规定的情况外，国营贸易企业和非国营贸易企业以外的其他企业，不得从事原油、成品油、化肥的进口业务。

第二十条　凡具有对外贸易经营资格的企业都可以按关税配额外税率进口化肥。

第二十一条　加工贸易方式进口原油、成品油、化肥按现行有关规定执行。

保税仓库、保税区、出口加工区进口原油、成品油、化肥不适用本办法，由海关按现行规定验放并实施监管。

第二章

物资采购合同条款

国有企业的物资采购大部分都采取竞争性方式，由买方编制合同并作为招标采购文件的组成部分；即使不采取竞争性方式，也多以买方提供的合同文本作为双方协商谈判的基础。国有企业在编制物资采购合同时，要公平合理地设置双方的权利义务，既要充分保障自身权益，避免因条款约定不当给自身造成风险，也要满足国家对于国有企业采购的相关特殊要求。

第一节　合同条款总体要求

一、强制使用的合同条款

实务指引

1. 依法必须招标的物资采购项目，应当使用有关政府监管机关制定的标准招标文件中的合同条款。目前适用于物资采购项目的强

制使用的标准招标文件主要有：国务院发展改革部门会同有关行政监督部门制定的标准设备采购招标文件、标准材料采购招标文件，商务部制定的机电产品国际招标标准招标文件（试行）。如未使用标准招标文件中的合同条款，违反关于规范使用标准招标文件的监管要求，存在审计风险。

2. 标准招标文件中的合同条款由“通用合同条款”和“专用合同条款”组成。在使用标准招标文件中的合同条款，或基于标准招标文件中的合同条款编制本企业统一使用的合同范本时，如要根据本企业或招标项目的具体特点和特殊需求对“通用合同条款”进行补充、细化和修改，应在“专用合同条款”中进行，不得直接增删、改动“通用合同条款”；补充、细化和修改的内容也不得违反法律、行政法规的强制性规定，以及平等、自愿、公平和诚实信用原则。

招标投标法实施条例（国务院令第 709 号）

第十五条第四款　编制依法必须进行招标的项目的资格预审文件和招标文件，应当使用国务院发展改革部门会同有关行政监督部门制定的标准文本。

国家发展改革委、工业和信息化部、住房城乡建设部等关于印发《标准设备采购招标文件》等五个标准招标文件的通知（发改法规〔2017〕1606 号）

二、应当不加修改地引用《标准文件》的内容

《标准文件》中的“投标人须知”（投标人须知前附表和其他附表除外）“评标办法”（评标办法前附表除外）“通用合同条款”，应当

不加修改地引用。

四、招标人可以补充、细化和修改的内容

……招标人可根据招标项目的具体特点和实际需要，在“专用合同条款”中对《标准文件》中的“通用合同条款”进行补充、细化和修改，但不得违反法律、行政法规的强制性规定，以及平等、自愿、公平和诚实信用原则，否则相关内容无效。

机电产品国际招标投标实施办法（试行）（商务部令2014年第1号）

第十八条 编制依法必须进行机电产品国际招标的项目的资格预审文件和招标文件，应当使用机电产品国际招标标准文本。

二、合同条款应全面、准确

实务指引

1. 物资采购合同应当对合同履行涉及的事项作出全面、准确的约定，包括标的物的名称、数量、质量、价款、履行期限、履行地点和方式、包装方式、检验标准和方法、结算方式、合同使用的文字及其效力等条款。合同条款不全面、不准确，对涉及合同履行和双方权利义务的重要事项未约定或约定不明，可能影响合同顺利履行甚至引发争议，也表明企业合同管理不规范，存在审计风险。

2. 合同条款表述应当含义清晰、确定，避免存在歧义等可能导致合同履行过程中发生争议的情况。国有企业物资采购合同一般是由其在招标采购或协商谈判前预先拟定，绝大多数情况下没有与供

应商进行协商，属于格式条款，如果含义不清晰、不确定、存在歧义，按照通常理解可以作出两种以上的解释，根据《民法典》规定应当作出不利于提供格式条款一方的解释，可能对作为条款制定方的国有企业利益产生不利影响。

案例 11　合同条款不全面的审计风险

审计署在关于某中管金融企业年度资产负债损益审计结果的公告中，通报“采购合同未按规定列明详细品名、规格数量、资金等事项”的问题。

案例 12　格式条款有两种解释的，采纳不利于格式条款提供方的解释——甲医药公司、乙发展公司买卖合同纠纷［湖南省邵阳市中级人民法院（2021）湘 05 民终 2690 号］

甲医药公司向乙发展公司采购口罩，合同约定“如果通过方国家检测报告不合格的，卖方应接受退货，卖方应在收到买方通知后十五天内将相关已付货款退还给买方”。甲医药公司提出“通过方”系笔误，应理解为“通过国家检测报告不合格的”就可以退货退款，并提供了具有检测资质的北京市医疗器械检验所依据中国国家标准 GB 19083—2010 出具的检测报告，显示有一个项目不合格；乙发展公司提出案涉产品系甲医药公司出售给其他国家使用的产品，“通过方国家检测报告不合格”是指目的国家和途经国家对案涉产品进行检测不合格，并主张因案涉合同是甲医药公司提供可重复使用的合同版本，尽管双方对部分条款有过协商或者修改，但仍符合格式合同的特征。

法院认为，依据《民法典》第四百九十八条“对格式条款的理解发生争议的，应当按照通常理解予以解释。对格式条款有两种以上解释的，应当作出不利于提供格式条款一方的解释。格式条款和非格式条款不一致的，应当采用非格式条款”的规定，应采纳乙发展公司对争议条款的解释，认定只有目的国和途经国对案涉产品进行检测不合格时，甲医药公司才有权要求退货退款，未支持甲医药公司的诉讼请求。

法条索引

民法典（主席令第45号）

第四百九十八条 对格式条款的理解发生争议的，应当按照通常理解予以解释。对格式条款有两种以上解释的，应当作出不利于提供格式条款一方的解释。格式条款和非格式条款不一致的，应当采用非格式条款。

第五百九十六条 买卖合同的内容一般包括标的物的名称、数量、质量、价款、履行期限、履行地点和方式、包装方式、检验标准和方法、结算方式、合同使用的文字及其效力等条款。

三、格式条款的编制和提示告知

实务指引

1. 国有企业采购合同一般由其单方面编制，作为招标采购文件的组成部分，且在采购活动中重复使用，供应商为了中标，一般均

表示接受合同条款，未与采购方再行协商。因此，采购合同一般均为格式条款，采购方也不能以合同是依据合同示范文本制作为由，或通过约定其不属于格式条款等方式而主张不属于格式条款。在编制合同时，应当按照法律关于格式条款的规定，遵循公平原则确定买卖双方权利和义务，如有免除或者减轻买方责任、排除或者限制卖方权利等与卖方有重大利害关系的条款，应在合同订立时采取合理的方式提示卖方注意，并按照卖方的要求予以说明。如未履行上述提示或者说明义务，致使卖方没有注意或者理解与其有重大利害关系的条款的，卖方可以主张该条款不成为合同的内容，致使买方约定该条款的目的落空。

2. 买方可采用足以引起对方注意的文字、符号、字体等明显标识，提示卖方注意相关条款。对格式条款进行的说明应当是卖方通常能够理解的，可以采取书面或者口头形式，说明内容包括条款的概念、内容及其法律后果。同时还需注意留存已进行上述提示和说明的证据，以便在双方就格式条款发生争议时能够充分证明已履行了提示和说明义务。

3. 通过互联网等信息网络订立电子采购合同的，采购合同及买方建设运营的电子签约平台的用户协议、平台规则等都属于格式条款，买方应按照上述第 2 点进行提示和说明；不能仅采取设置勾选、弹窗等方式，否则可能存在被认定为未尽到提示和说明义务的风险。

4. 格式条款不得不合理地免除或者减轻买方责任、加重卖方责任或限制其主要权利。实践中，如果此类条款是买方的合理化经营所必需，或者免除的是买方的一般过失责任或轻微违约责任，可以视为“合理”，买方只要尽到提示说明义务即为有效。格式条款也不得排除卖方主要权利，如约定合同履行发生争议时卖方不得提起诉讼等。不合理地免除或者减轻买方责任、加重卖方责任或限制卖方主要权利的格式条款，以及排除卖方主要权利的格式条款均无效，买方无法实现约定该条款的目的。

以案释险

案例13　格式条款中的争议解决条款未采取合理方式提示合同对方注意，不得作为确定管辖权的依据——甲工程局二公司、乙建筑劳务公司买卖合同纠纷[河南省商丘市中级人民法院（2021）豫14民辖终22号]

甲工程局二公司、乙建筑劳务公司签订《室外管网及道路工程沥青混凝土及乳化沥青采购合同》，其中的《合同通用条款》约定“争议解决：发生争议后，双方首先协商解决，协商不成的，依法向合同签订地有管辖权的人民法院提起诉讼”。后双方发生争议，甲工程局二公司认为合同中约定了合同签订地为“合肥市瑶海区”，本案应由安徽省合肥市瑶海区人民法院审理；乙建筑劳务公司认为该条款系甲工程局二公司单方制作的格式条款，且甲工程局二公司并未出示该条款，乙建筑劳务公司对此条款不知情也未加盖印章，故对其不发生效力，合同履行地为河南省，河南省虞城县人民法院对本案具有管辖权。

法院认为，案涉合同仅《协议书》有双方签章，而《合同通用条款》为格式条款，无乙建筑劳务公司签章，争议解决条款未采取字体加黑、加下划线等方式明显标注，属于未采取合理方式提示合同对方注意，故该条款不得作为确定本案管辖权的依据，应当依照法律规定确定管辖权。

案例 14　不合理限制对方主要权利的格式条款无效——甲风电设备公司、乙机械设备公司买卖合同纠纷［山东省烟台市牟平区人民法院（2021）鲁 0612 民初 1317 号］

甲风电设备公司向乙机械设备公司采购风力发电机组主轴承，后双方就价款支付发生争议，甲风电设备公司提出，乙机械设备公司因本诉讼对甲风电设备公司提起多项诉前保全诉请，根据案涉采购合同 15.1 条“双方同意，卖方有权在法院终审判决没有做出之前，采取或者申请法律部门采取查封、扣押、保全、执行等任何对于买方及其客户方的账户、资金、资产等的限制和处置行为及措施，若在法院终审判决之前采取上述措施，则卖方自愿放弃买方应付款项总额的 20%，为对买方的补偿和赠予”的约定，其应付给乙机械设备公司的货款应扣除应付款项总额的 20%，即 178 万元。

法院认为，上述 15.1 条约定属于“提供格式条款一方不合理限制对方主要权利”的情形，为无效条款，未支持甲风电设备公司从应付货款中扣除 178 万元的请求。

民法典（主席令第 45 号）

第四百九十六条　格式条款是当事人为了重复使用而预先拟定，并在订立合同时未与对方协商的条款。

采用格式条款订立合同的，提供格式条款的一方应当遵循公平原则确定当事人之间的权利和义务，并采取合理的方式提示对方注意免除或者减轻其责任等与对方有重大利害关系的条款，按照对方的要求，对该条款予以说明。提供格式条款的一方未履行提示或者说明义务，致使对方没有注意或者理解与其有重大利害关系的条款的，对方可以主张该条款不成为合同的内容。

第四百九十七条 有下列情形之一的，该格式条款无效：

（一）具有本法第一编第六章第三节和本法第五百零六条规定的无效情形；

（二）提供格式条款一方不合理地免除或者减轻其责任、加重对方责任、限制对方主要权利；

（三）提供格式条款一方排除对方主要权利。

第五百零六条 合同中的下列免责条款无效：

（一）造成对方人身损害的；

（二）因故意或者重大过失造成对方财产损失的。

最高人民法院关于适用《中华人民共和国民法典》合同编通则若干问题的解释（法释〔2023〕13号）

第九条 合同条款符合民法典第四百九十六条第一款规定的情形，当事人仅以合同系依据合同示范文本制作或者双方已经明确约定合同条款不属于格式条款为由主张该条款不是格式条款的，人民法院不予支持。

从事经营活动的当事人一方仅以未实际重复使用为由主张其预先拟定且未与对方协商的合同条款不是格式条款的，人民法院不予支持。但是，有证据证明该条款不是为了重复使用而预先拟定的除外。

第十条 提供格式条款的一方在合同订立时采用通常足以引起对方注意的文字、符号、字体等明显标识，提示对方注意免除或者减轻其责任、排除或者限制对方权利等与对方有重大利害关系的异常条款的，人民法院可以认定其已经履行民法典第四百九十六条第二款规定的提示义务。

提供格式条款的一方按照对方的要求，就与对方有重大利害关

系的异常条款的概念、内容及其法律后果以书面或者口头形式向对方作出通常能够理解的解释说明的，人民法院可以认定其已经履行民法典第四百九十六条第二款规定的说明义务。

提供格式条款的一方对其已经尽到提示义务或者说明义务承担举证责任。对于通过互联网等信息网络订立的电子合同，提供格式条款的一方仅以采取了设置勾选、弹窗等方式为由主张其已经履行提示义务或者说明义务的，人民法院不予支持，但是其举证符合前两款规定的除外。

第二节　卖方交付条款

一、交付时间、地点

实务指引

1. 交付时间应约定明确。由于标的物毁损、灭失的风险一般是在交付之后转由买受人承担[1]，因此需考虑物资拟用于的工程或项目建设进度、买方仓储情况等因素，确定合适的交付时间，既保证能及时满足工程、项目对物资的需求，不出现因“等物资”影响进度

[1] 根据《民法典》第六百零四条规定，买卖双方可以另行约定标的物毁损、灭失风险转移的节点，但实践中买方一般很难要求卖方在完成交付后仍承担此种风险。

计划的情况，也避免由于物资交付时尚不具备接收或安装条件、无空余仓库存放等原因，导致无法适当存放保管并毁损、灭失，使买方因承担相关风险而发生损失。

2. 交付地点应约定明确。一般应在买方能够控制的工地、厂房、码头等场所。如未约定或约定不明确，根据《民法典》规定，卖方将需要运输的标的物交付给第一承运人，将不需要运输的标的物放置于订立合同时双方知道的标的物所在地或卖方营业地即完成交付义务，而上述地点都不在买方控制之下，导致买方在无法控制物资并采取有效风险防范措施的情况下，仍要承担物资毁损、灭失的风险。

3. 约定的交付时间、地点应当具备交付条件，如约定的交付时间是接收货物的仓库的正常经营时间，有可供运输车辆通行至交付地点的道路，可进行卸货的场地等。如因交付时间、地点不具备相应条件，卖方为完成交货而另行支出费用或发生损失，可要求买方承担该部分费用或予以赔偿。

以案释险

案例 15　合同约定的交付地点不当，买方应承担卖方为在约定地点交货另行支出的费用——甲科技公司与乙机械公司买卖合同纠纷［广西壮族自治区高级人民法院（2020）桂民终 737 号］

甲科技公司（买方）与乙机械公司（卖方）签订《设备采购合同》，约定乙机械公司应采取陆地运输方式将设备送至甲科技公司指定的地点广西北海市工业园区台湾路 10 号惠科电子（北海）科技园区 1 某厂房，并负责吊装、定位搬运。乙机械公司于 2018 年 5 月将 462 台设备运输至上述指定交货地点时，由于交货地点的土建

不符合交货条件，因此另行委托专业公司在交货地点外卸货后再搬运至交货地点交付设备，为此产生78909.6元费用，并要求甲科技公司支付。双方无法达成一致，诉至法院。

法院认为，该费用显然系因甲科技公司一方指定的交货地点不当而产生，判决由甲科技公司承担。

法条索引

民法典（主席令第45号）

第六百零一条　出卖人应当按照约定的时间交付标的物。约定交付期限的，出卖人可以在该交付期限内的任何时间交付。

第六百零三条　出卖人应当按照约定的地点交付标的物。

当事人没有约定交付地点或者约定不明确，依据本法第五百一十条的规定仍不能确定的，适用下列规定：

（一）标的物需要运输的，出卖人应当将标的物交付给第一承运人以运交给买受人；

（二）标的物不需要运输，出卖人和买受人订立合同时知道标的物在某一地点的，出卖人应当在该地点交付标的物；不知道标的物在某一地点的，应当在出卖人订立合同时的营业地交付标的物。

第六百零四条　标的物毁损、灭失的风险，在标的物交付之前由出卖人承担，交付之后由买受人承担，但是法律另有规定或者当事人另有约定的除外。

二、应交付的单证

实务指引

1. 如采取指示交付而非现实交付的方式进行买卖，合同应当明确约定卖方应当交付的提取标的物的单证，主要包括仓单、提单等，及对上述单证的具体要求，如仓单应记载仓储物的损耗标准、储存场所、储存期限等，以保证买方能够通过单据提取符合合同约定的物资。

2. 合同应当明确约定卖方应当向买方交付的提取标的物单证以外的有关单证和资料，主要包括保险单、保修单、普通发票、增值税专用发票、产品合格证、质量保证书、质量鉴定书、品质检验证书、产品进出口检疫书、原产地证明书、使用说明书、装箱单等。买方对单证的要求，如保险单覆盖的保险责任范围，保修单记载的保修责任范围和保修期限，质量鉴定书、品质检验证书的出具机构和检验标准等，也应在合同中明确约定。

法条索引

民法典（主席令第 45 号）

第五百九十八条　出卖人应当履行向买受人交付标的物或者交付提取标的物的单证，并转移标的物所有权的义务。

第五百九十九条　出卖人应当按照约定或者交易习惯向买受人交付提取标的物单证以外的有关单证和资料。

最高人民法院关于审理买卖合同纠纷案件适用法律问题的解释（法释〔2020〕17号）

第四条　民法典第五百九十九条规定的“提取标的物单证以外的有关单证和资料”，主要应当包括保险单、保修单、普通发票、增值税专用发票、产品合格证、质量保证书、质量鉴定书、品质检验证书、产品进出口检疫书、原产地证明书、使用说明书、装箱单等。

第三节　买方付款条款

一、货款金额、范围、明细及调整方式

实务指引

1. 采取竞争性方式订立物资采购合同的，合同记载的货款金额应当与中标通知书明确的中标价格一致，不得变更；如通过招投标程序确定的是货款的确定方式（如计算公式）而非一个具体金额，合同载明的货款确定方式也应与招标文件和中标人的投标文件相关内容一致。

2. 合同应明确货款包括卖方为完成合同全部义务应承担的一切成本、费用和支出以及卖方的合理利润，并通过《价格明细表》《货物清单》等方式，约定合同项下物资的具体组成及细项价格。在合同履行过程中针对部分货物发生退货、修理、更换等情况时，

双方可根据《价格明细表》《货物清单》确定涉及的货物数量、卖方应退还的货款或赔偿的损失等事项，避免产生争议。

3. 合同应明确不含税价、税率及含税价，使卖方能够开具符合买方要求的增值税发票；同时还应约定如合同履行期间国家对税率进行调整，是否根据新税率和不含税价对实际应支付的货款进行调整、具体调整方式等事项，以免发生争议或导致买方在国家下调税率后仍需按原较高税率支付含税货款。

4. 如双方同意实行价格联动机制，即在合同履行期间可以基于货物原材料等的价格波动，对物资价格进行调整，应明确相应具体规则，包括触发价格调整的原材料种类和价格波动范围，作为物资价格调整依据的原材料价格信息来源（如政府部门、商品交易所或业内权威机构、网站发布的价格），仅在原材料价格上涨时调整货物价格还是可以双向调整，以及价格调整的具体方法（如价格调整公式）等。

以案释险

案例 16　如合同没有约定，一方无权以合同履行期间增值税税率变化为由要求对方退还或支付因税率变化导致的货款差额——甲科技公司与乙机械公司买卖合同纠纷［广西壮族自治区高级人民法院（2020）桂民终 737 号］

甲科技公司作为买方与乙机械公司作为卖方签订《设备采购合同》，约定增值税税率为 17%。合同履行期间国家下调增值税税率至 16%，乙机械公司收取了含税 17% 的价款，但只能开出含税 16% 的发票，甲科技公司认为由此导致不能足额抵扣税款产生损失，要求乙机械公司退还因税率变化导致的货款差额 1090100 元。

法院认为，双方当事人在履行合同过程中均没有违约行为，在合同中对因国家下调税率导致的货款差额如何处理也没有作出约定，因此甲科技公司诉请乙机械公司退还因税率变化导致的货款差额 1090100 元没有合同依据和法律依据。

招标投标法（主席令第 86 号）

第四十六条第一款　招标人和中标人应当自中标通知书发出之日起三十日内，按照招标文件和中标人的投标文件订立书面合同。招标人和中标人不得再行订立背离合同实质性内容的其他协议。

二、付款条件和期限

实务指引

1. 一般应约定按照合同履行进度，按照预付款、到货款、投运款、结清款等分批付款。对于每笔付款，合同都应明确相应付款金额（或占合同价款总额的比例）及付款时合同履行应达到的进度、卖方应提交的文件及其审核标准等付款条件。预付款比例应根据合同实际情况合理确定，不得过高，否则不仅导致买方资金被占用，存在卖方收到大量预付款后不按约定供货的风险，还可能构成利用预付款方式变相为卖方融资的违规经营行为。

2. 合同应当按照行业规范、交易习惯合理约定付款期限并及时支付款项[1]，约定采取履行进度结算、定期结算等结算方式的，付款期限应当自双方确认结算金额之日起算；以物资交付后经检验或者验收合格作为付款条件的，付款期限应当自检验或者验收合格之日起算。由于国有企业物资采购合同一般由买方单方制定，对卖方而言具有一定强制性，因此也不宜约定以审计机关的审计结果作为结算依据，或强制使用商业汇票等非现金方式支付货款[2]。

3. 应严格控制“背靠背”付款条款，即以买方上游债务人付款作为买方向卖方付款的前提条件，或约定买方支付卖方价款的比例与买方上游债务人同期计量支付买方的比例一致。如确需约定“背靠背”条款，要采取显著方式明示，上游债务人应与物资采购合同有关，一般应为买方使用所采购物资建设的工程项目的业主或制造产品的买方，不宜扩大到与物资采购合同无关的买方其他债务人。关于“背靠背”付款的约定应明确体现卖方具有承担买方上游债务人付款风险、同意将上游债务人付款作为买方向其支付相应比例货款前提条件的意思表示。如仅约定买方因按照“背靠背”条款进行付款，导致实际付款时间和金额与买卖合同相关约定不一致的，不构成违约或卖方不要求其承担违约责任，在发生争议时“背靠背”条款可能得不到法院支持。

4. 合同如约定在确认结算金额、检验验收合格后一定期限内付款，或在买方上游债务人付款后向卖方支付相同比例货款，就不应

---

[1] 根据《保障中小企业款项支付条例》规定，机关、事业单位从中小企业采购物资，应当自物资交付之日起 30 日内支付款项，合同另有约定的，付款期限最长不得超过 60 日。国有企业从落实国家政策、优化营商环境角度出发，宜参照执行该要求。

[2] 本条指引的依据是《保障中小企业款项支付条例》关于国有大型企业支付中小企业款项的要求，但国有企业采购多采取招标采购方式，合同属于招标采购文件组成部分，不可能针对大型企业、中小企业分别适用不同的合同条款，因此实践中国有企业向各类企业支付货款均应遵守该《条例》相关要求。

再约定其他的“最迟付款时间”，否则如“最迟付款时间”早于约定付款期限或买方上游债务人付款时间，卖方可要求买方在先到的“最迟付款时间”付款，导致买方丧失合同约定的期限利益。

以案释险

案例 17　合同同时约定了付款时间条件和最迟付款时间，二者中先到的时间为买方应付款时间——甲工程局与乙建材公司买卖合同纠纷 [上海市第一中级人民法院（2020）沪 01 民终 7600 号]

2017 年 1 月 6 日，甲工程局（买方）、乙建材公司（卖方）签订《预拌商品混凝土物资购销合同》，约定付款方式为：每月按结算总额货款的 85% 支付，全部竣工验收合格后，3 个月内付至结算价款总额的 95%，余下 5% 质保金为竣工验收合格一年期满无息付清，最迟不超过 2018 年 12 月底。2019 年双方因付款发生诉讼，乙建材公司认为合同约定的最迟付款时间已到，甲工程局应当支付全部货款及从 2019 年 1 月 1 日起计算的逾期付款违约金；甲工程局抗辩称其付款已达到总额的 85%，剩余部分应在竣工验收合格三个月内和满一年分别才支付，尚不满足付款条件。

法院认为，合同约定了最迟的付款时间，是双方关于付款最迟期限的一致意思表示，竣工验收时间与最迟付款时间并无关联性，买方应在合同约定的最迟付款时间前付款，未支持甲工程局的上述抗辩。

案例18　合同约定“买方因上游债务人未付款而延误支付货款、卖方不追究买方违约责任”，不能解释为买方可以上游债务人未付款为由不按合同约定向卖方付款——甲工程局二公司与乙物流集团买卖合同纠纷［最高人民法院（2021）最高法民再238号］

甲工程局二公司（甲方）为承建海口东海岸如意岛跨海大桥工程向乙物流集团（乙方）采购钢筋等货物，合同第6.6条约定：甲方在下列三个条件都具备后付款：（1）双方履行合同事实；（2）乙方提供完整履行合同资料（包括但不限于产品合格证、试验资料、权属证书、足额合法发票等）；（3）经甲方有权签认人签认的合同履行金额。第6.6.1条约定：甲方支付乙方价款的比例与本工程业主同期计量支付甲方工程进度款比例一致。如业主延误支付甲方工程进度款，乙方愿意充分理解，并放弃追究甲方因此造成的违约责任（包括但不限于违约金、逾期付款利息等）。第11.1条约定：如因甲方上级或业主拨款不及时、不到位导致甲方不能按时支付乙方货款时，乙方应予以充分理解，保证本合同的正常履行。乙方承诺不因此要求甲方承担任何违约金、利息等损失赔偿责任。后双方因甲工程局二公司拖欠货款发生争议，甲工程局二公司主张，第6.6条为双方约定付款条件的条款，第6.6.1条为合同第6.6条项下的子条款，亦应属于约定付款条件的条款，即合同第6.6条约定的条件成就，甲方负有付款义务，但具体付款金额由第6.6.1条约定付款比例予以确定。项目业主未按期向其支付相关工程进度款，甲工程局二公司为催要工程款已对业主提起诉讼，未怠于行使自己的权利，故乙物流集团主张货款的条件未成就。

法院认为，甲工程局二公司作为独立的商事主体，应当独立承担业主不能支付工程款的商业风险，在没有证据证明乙物流集团愿意为甲工程局二公司承担业主不能支付工程价款的商业风险的情况

下，将业主支付款项作为案涉货款的支付条件并不符合合同目的。且从第6.6.1条的内容来看，除了约定付款比例一致之外，还约定如业主延误支付甲工程局二公司工程进度款，乙物流集团愿意充分理解并放弃追究其因此造成的违约责任，但并未约定甲工程局二公司可以因此不向乙物流集团支付货款。因此，案涉合同第6.6.1条关于“进度款比例一致”的约定不能认定为货款支付条件。

案例19　以工程“通过政府审计”作为货款支付条件的合同约定无效——甲安装建设公司与乙新型材料公司买卖合同纠纷［山东省青岛市中级人民法院（2022）鲁02民终15048号］

甲安装建设公司、乙新型材料公司于2016年9月9日签订《物资采购合同》，约定甲安装建设公司向乙新型材料公司采购混凝土，具体结算金额以甲乙双方共同验收并办理签字结算的合格数量为准。后乙新型材料公司以甲安装建设公司拖欠货款为由提起诉讼。甲安装建设公司抗辩称，合同约定，案涉工程通过政府审计后30个工作日内支付至结算总额的95%，现该工程未经政府审计，未达到付款节点。

法院认为，该种附条件的约定使得乙新型材料公司欲实现本案货款债权完全取决于甲安装建设公司是否积极地促使政府审计部门完成审计，其实质是由甲安装建设公司决定是否履行给付货款的义务，将其应承担的风险转嫁给乙新型材料公司，阻碍了乙新型材料公司依约合法主张工程款的权利，违反了诚实信用原则和公平原则，应属无效。

法条索引

国务院办公厅关于建立国有企业违规经营投资责任追究制度的意见（国办发〔2016〕63号）

二、责任追究范围

（二）购销管理方面。……违反规定提供赊销信用、资质、担保（含抵押、质押等）或预付款项，利用业务预付或物资交易等方式变相融资或投资……

保障中小企业款项支付条例（国务院令第728号）

第八条 机关、事业单位从中小企业采购货物、工程、服务，应当自货物、工程、服务交付之日起30日内支付款项；合同另有约定的，付款期限最长不得超过60日。

大型企业从中小企业采购货物、工程、服务，应当按照行业规范、交易习惯合理约定付款期限并及时支付款项。

合同约定采取履行进度结算、定期结算等结算方式的，付款期限应当自双方确认结算金额之日起算。

第九条 机关、事业单位和大型企业与中小企业约定以货物、工程、服务交付后经检验或者验收合格作为支付中小企业款项条件的，付款期限应当自检验或者验收合格之日起算。

合同双方应当在合同中约定明确、合理的检验或者验收期限，并在该期限内完成检验或者验收。机关、事业单位和大型企业拖延检验或者验收的，付款期限自约定的检验或者验收期限届满之日起算。

第十条 机关、事业单位和大型企业使用商业汇票等非现金支付方式支付中小企业款项的，应当在合同中作出明确、合理约定，不得强制中小企业接受商业汇票等非现金支付方式，不得利用商业汇票

等非现金支付方式变相延长付款期限。

第十一条　机关、事业单位和国有大型企业不得强制要求以审计机关的审计结果作为结算依据，但合同另有约定或者法律、行政法规另有规定的除外。

三、在货款中预留保证金

实务指引

1. 质量保证金

（1）合同可以约定预留最后一笔支付的货款作为质量保证金，卖方在质量保证期未及时解决质量问题而影响标的物的价值或者使用效果，买方可不支付该部分货款。参照关于建设工程质量保证金的相关法律要求，质量保证金一般应不高于合同金额的3%，以避免出现审计风险；采购首台（套）重大技术装备[1]的，如该装备已投保，一般不再预留质量保证金；

（2）质量保证金应当单独作出明确约定，仅约定质量保证期但未约定质量保证金的，卖方可主张最后一笔货款无需等到质量保证期满后支付，使买方在质量保证期内的权利失去保障；

（3）合同不得限定必须以预留货款形式作为质量保证金，应允许卖方采取质量保证金保函、质量保证保险等方式提供质量保证，此种情况下合同应约定买方收到卖方提供的符合要求的保函、保险

[1] 需符合重大技术装备推广应用目录内装备及主要参数，推广应用目录可在中国招标投标公共服务平台、省级招标投标公共服务平台、重大技术装备招标投标信息平台查询。

单后，即支付最后一笔货款，无需等到质量保证期满后支付。

2. 履约保证金

（1）合同可以约定预留部分价款作为履约保证金，但不得超出合同金额的10%。参照关于工程建设领域“已经缴纳履约保证金的，建设单位不得同时预留工程质量保证金”的相关要求，预留作为履约保证金的价款最迟应在合同项下物资验收合格并投运、进入质量保证期时支付，确保在预留了质量保证金的质量保证期内没有同时预留履约保证金；

（2）合同不得限定必须以预留货款形式作为履约保证金，应允许卖方在合同签订后提交履约保证金保函、履约保证保险，替代在价款中预留的履约保证金。

3. 合同可以对质量（履约）保函、保险的条款提出要求或规定相应格式，但要求、格式应当合理，载明的责任范围不得超出合同约定的质量（履约）保证责任，也不得限定开立保函、出具保险单的银行、保险公司、担保公司，或对上述机构设置级别或地域要求。

以案释险

案例20　合同约定质保期但未约定质保金，不能将合同尾款视为质保金并在质保期届满后支付——甲工程局与乙建材公司买卖合同纠纷［北京市第二中级人民法院（2023）京02民终6595号］

2018年6月，甲工程局（甲方、采购单位）与乙建材公司（乙方、供应单位）签订《砖材采购合同》，约定“5.3合同结算及付款方式：乙方供货款每三个月支付一次，支付双方签字确认供货款的

60%；竣工验收后，双方在一个月内完成结算工作，双方签字确认后，付至结算额的95%，结算完成后六个月内支付结算尾款。5.4质量保质期为2年，从工程正式交工之日起计算，如质保期内出现质量问题，甲方有权酌情从支付乙方的款项中扣除或追索”。后双方就货款支付发生诉讼，乙建材公司主张，合同仅约定质保期但未约定质保金，5%尾款的付款条件为结算完成后六个月，而非质保期届满。甲工程局主张95%的货款以“竣工验收”及“结算完成”两个条件同时成就为前提，且结合5.3条和5.4条约定，质保金为结算额的5%，现质保期未到，支付条件尚未成就。

法院认为，合同约定质保期及其起算时间，但并未约定质保金，可见双方并无约定质保金之意思；5.4条约定表明如果保修期内甲工程局发现质量问题，若其未完成付款，有权直接从应付款项中扣除，若已付款，有权向乙建材公司追索，但并无保留质保金以解决质量问题的意思。故5%的尾款应按照合同约定在结算完成后六个月内支付，不能作为质保金在质保期届满后支付。

法条索引

最高人民法院关于审理买卖合同纠纷案件适用法律问题的解释（法释〔2020〕17号）

第十五条　买受人依约保留部分价款作为质量保证金，出卖人在质量保证期未及时解决质量问题而影响标的物的价值或者使用效果，出卖人主张支付该部分价款的，人民法院不予支持。

招标投标法实施条例（国务院令第709号）

第五十八条　招标文件要求中标人提交履约保证金的，中标人应当按照招标文件的要求提交。履约保证金不得超过中标合同金额的

10%。

保障中小企业款项支付条例（国务院令第728号）

第十二条 除依法设立的投标保证金、履约保证金、工程质量保证金、农民工工资保证金外，工程建设中不得收取其他保证金。保证金的收取比例应当符合国家有关规定。

机关、事业单位和大型企业不得将保证金限定为现金。中小企业以金融机构保函提供保证的，机关、事业单位和大型企业应当接受。

机关、事业单位和大型企业应当按照合同约定，在保证期限届满后及时与中小企业对收取的保证金进行核实和结算。

建设工程质量保证金管理办法（建质〔2017〕138号）

第六条 在工程项目竣工前，已经缴纳履约保证金的，发包人不得同时预留工程质量保证金。

采用工程质量保证担保、工程质量保险等其他保证方式的，发包人不得再预留保证金。

第七条 发包人应按照合同约定方式预留保证金，保证金总预留比例不得高于工程价款结算总额的3%。合同约定由承包人以银行保函替代预留保证金的，保函金额不得高于工程价款结算总额的3%。

工业和信息化部 国家发展改革委 国务院国资委关于支持首台（套）重大技术装备平等参与企业招标投标活动的指导意见（工信部联重装〔2023〕127号）

一、规范招标要求

……

（四）对于已投保的首台（套）重大技术装备，一般不再收取质量保证金。

第四节　物资质量条款

一、质量要求和质量保证

实务指引

1. 合同应明确约定物资的质量要求。如未约定或约定不明，将依次适用强制性国家标准、推荐性国家标准、行业标准、通常标准或者符合合同目的的特定标准。由于国家标准、行业标准一般低于企业标准，“通常标准或者符合合同目的的特定标准”又难以准确界定，此种情况下买方对物资的质量要求可能难以得到满足。

2. 合理适当的包装对于易腐、易碎、易爆、易燃、易潮物资以及化学物品、精密机械等物资的质量具有重要意义，因此其包装方式也应作为重要质量要求明确约定，包括包装的规格、材料、费用、标识和具体方式等。包装方式在满足买方需求和质量要求的同时，还应遵循绿色理念，采取有利于节约资源、保护生态环境的方式。

3. 合同应约定卖方在质量保证期内应承担的质量保证责任，一般包括配备充足技术人员、工具、备件并保证联系方式畅通，收到买方通知后在约定时间内响应、到达现场和解决问题，承担修理、更换、退货或买方向第三方采购替代物资产生的费用等。

4. 为保障买方权益，合同可约定质量保证期的“中止”“中断”

机制，即质量保证期自物资通过验收并投入使用之日起算，质量保证期内如发生故障、缺陷等问题，物资或相应部件的质量保证期延长一定期限或自故障解决、缺陷消除之日起重新起算。

法条索引

民法典（主席令第45号）

第五百一十一条 当事人就有关合同内容约定不明确，依据前条规定仍不能确定的，适用下列规定：

（一）质量要求不明确的，按照强制性国家标准履行；没有强制性国家标准的，按照推荐性国家标准履行；没有推荐性国家标准的，按照行业标准履行；没有国家标准、行业标准的，按照通常标准或者符合合同目的的特定标准履行。

……

第六百一十六条 当事人对标的物的质量要求没有约定或者约定不明确，依据本法第五百一十条的规定仍不能确定的，适用本法第五百一十一条第一项的规定。

第六百一十九条 出卖人应当按照约定的包装方式交付标的物。对包装方式没有约定或者约定不明确，依据本法第五百一十条的规定仍不能确定的，应当按照通用的方式包装；没有通用方式的，应当采取足以保护标的物且有利于节约资源、保护生态环境的包装方式。

二、检验、考核和验收

实务指引

1. 合同应约定买方在检验期限内的检验仅针对物资的外观、规格、型号、数量，买方在检验期限内未提出异议或签署送货单、检验单等单据的，仅表明其认可上述四方面满足合同约定，买方在质量保证期内发现物资质量不符合约定的，仍可以向卖方提出异议，不能免除卖方在质量保证期内应承担的责任。

2. 合同应约定对物资考核的具体方式和验收通过的标准（如持续运行时间、技术性能考核等指标），并明确物资经考核验收通过，买方在质量保证期内仍有权提出异议，不能免除卖方在质量保证期内应承担的责任。

3. 合同应约定进行检验、验收的时间，双方应到场参加人员，依据的标准和使用条件、应签署的单据及签署要求等检验、验收相关的程序事项，为按照规范程序进行检验、验收提供清晰确定的标准，避免因约定不明，导致双方就检验、验收结果的有效性发生争议。

4. 合同不应约定将买方已经支付价款、确认欠款数额、实际使用物资等行为视为其认可物资质量符合合同约定，避免影响买方提出异议的权利。

以案释险

案例 21　买方在合同约定的质量保证期内可以提出质量异议——甲机电安装公司与乙电气设备公司等买卖合同纠纷［江苏省无锡市中级人民法院（2023）苏 02 民终 604 号］

2019 年 2 月 26 日，甲机电安装公司与乙电气设备公司签订防爆照明灯采购合同一份，约定产品质保期为 24 个月。履行过程中，甲机电安装公司认为产品存在质量问题，要求乙电气设备公司减价，并因此未支付部分货款，乙电气设备公司向法院起诉。

法院认为，根据法律规定，当事人没有约定检验期限的，买受人应当在发现或者应当发现标的物的数量或者质量不符合约定的合理期限内通知出卖人。买受人在合理期限内未通知或者自收到标的物之日起二年内未通知出卖人的，视为标的物的数量或者质量符合约定；但是，对标的物有质量保证期的，适用质量保证期，不适用该二年的规定。案涉合同明确约定了质保期为 24 个月，产品 2019 年 9 月完成安装，当年 10 月份甲机电安装公司工作人员周某与乙电气设备公司销售负责人夏某通过微信聊天提出灯具存在损坏率高、内外功率标识不符等质量问题，乙电气设备公司在回复甲机电安装公司的质量异议时并未提出异议期的问题，可见甲机电安装公司的质量异议尚在合理期间内，应为有效，乙电气设备公司未提供合理的解决方案，甲机电安装公司有权拒绝支付剩余价款。

法条索引

民法典（主席令第 45 号）

第六百二十一条　当事人约定检验期限的，买受人应当在检验

期限内将标的物的数量或者质量不符合约定的情形通知出卖人。买受人怠于通知的，视为标的物的数量或者质量符合约定。

当事人没有约定检验期限的，买受人应当在发现或者应当发现标的物的数量或者质量不符合约定的合理期限内通知出卖人。买受人在合理期限内未通知或者自收到标的物之日起二年内未通知出卖人的，视为标的物的数量或者质量符合约定；但是，对标的物有质量保证期的，适用质量保证期，不适用该二年的规定。

出卖人知道或者应当知道提供的标的物不符合约定的，买受人不受前两款规定的通知时间的限制。

最高人民法院关于审理买卖合同纠纷案件适用法律问题的解释（法释〔2020〕17号）

第十三条　受人在合理期限内提出异议，出卖人以买受人已经支付价款、确认欠款数额、使用标的物等为由，主张买受人放弃异议的，人民法院不予支持，但当事人另有约定的除外。

第五节　其他条款

一、卖方其他义务条款

实务指引

1. 合同应约定卖方的权利担保义务，即卖方保证第三人对标的物不享有任何权利，包括卖方对标的物享有合法的所有权或处分权，标的物上不存在他人享有的抵押权、租赁权等权利负担，标的物没有侵犯他人的知识产权。

2. 由于国有企业物资采购绝大多数情形是向生产商采购，而非采购二手物资，因此标的物资没有侵犯他人的知识产权是卖方权利担保的重点，合同应约定：卖方保证买方免于因使用合同项下物资受到第三方提出的有关知识产权侵权的主张、索赔或诉讼；如果买方受到任何第三方有关知识产权的主张、索赔或诉讼，卖方在收到买方通知后，应以买方名义并在买方的协助下，自负费用处理与第三方的索赔或诉讼，并赔偿买方因此发生的费用和遭受的损失；买方如以自己的名义处理上述索赔或诉讼，因此发生的费用和遭受的损失均应由卖方承担。

3. 如买方要求卖方在质量保证期满后继续提供售后服务，合同应约定售后服务的具体要求，包括服务内容，响应买方需求的时间，人工服务的费用计算标准，更换部件的价格等。

4. 合同应约定卖方的安全保密义务，要求卖方对因履行合同而取得的买方的信息、资料等予以保密。未经买方书面同意，不得为与履行合同无关的目的使用或向第三方披露买方提供的信息、资料。

5. 运营关键信息基础设施[1]的国有企业采购网络产品，应当约定卖方的技术支持和安全保密义务与责任；如采购的是需申报网络安全审查的网络产品，还应约定卖方配合网络安全审查的义务，包

[1] 关键信息基础设施是指公共通信和信息服务、能源、交通、水利、金融、公共服务、电子政务、国防科技工业等重要行业和领域的，以及其他一旦遭到破坏、丧失功能或者数据泄露，可能严重危害国家安全、国计民生、公共利益的重要网络设施、信息系统等。

括承诺不利用提供产品及相关服务的便利条件非法获取用户数据、非法控制和操纵用户设备，无正当理由不中断产品供应或者必要的技术支持服务等。

民法典（主席令第 45 号）

第六百一十二条　出卖人就交付的标的物，负有保证第三人对该标的物不享有任何权利的义务，但是法律另有规定的除外。

关键信息基础设施安全保护条例（国务院令第 745 号）

第二十条　运营者采购网络产品和服务，应当按照国家有关规定与网络产品和服务提供者签订安全保密协议，明确提供者的技术支持和安全保密义务与责任，并对义务与责任履行情况进行监督。

网络安全审查办法（国家互联网信息办公室、国家发展和改革委员会、工业和信息化部、公安部、国家安全部、财政部、商务部、中国人民银行、国家市场监督管理总局、国家广播电视总局、中国证券监督管理委员会、国家保密局、国家密码管理局令第 8 号）

第六条　对于申报网络安全审查的采购活动，关键信息基础设施运营者应当通过采购文件、协议等要求产品和服务提供者配合网络安全审查，包括承诺不利用提供产品和服务的便利条件非法获取用户数据、非法控制和操纵用户设备，无正当理由不中断产品供应或者必要的技术支持服务等。

二、违约责任条款

实务指引

1. 合同应根据卖方履行不符合约定的不同情形，合理约定其承担修理、重作、更换、退货、减少价款或者报酬、支付违约金、赔偿损失等违约责任。

2. 针对卖方迟延交货或交付相关单证、技术资料，未按合同履行造成使用合同物资的工程（项目）延误，未在约定时间内答复买方咨询、到达现场提供服务或解决质量问题等违约行为，应约定卖方每迟延（延误）一天，应支付一定金额或货款一定比例的违约金。如卖方发生迟延（延误）行为，买方可直接要求其支付相应金额的违约金，无需举证证明自身受到的损失金额。

3. 买方迟延支付货款的逾期利息属于法定违约金，买方不能通过合同约定予以排除。如未约定，不能解释为买方不需要支付逾期利息，而是根据法律规定按照每日利率万分之五（折合年利率约18%，远高于市场利率）支付逾期利息，买方如迟延付款，将承担高额的逾期利息责任。因此，应约定买方逾期付款利息按照法律规定的最低标准，即合同订立时1年期贷款市场报价利率（LPR）计算。此外，还可约定买方支付迟延付款逾期利息累计金额的上限，如不超过合同价款的一定比例。

4. 根据《民法典》规定，当事人因不可抗力不能履行合同义务的，根据不可抗力的影响可以部分或全部免除责任。不可抗力通常包括：自然灾害，战争，罢工、骚乱等社会异常事件，新的法律、政策和禁运、交通封锁、人员隔离、进出口限制、停工停产等导致合同不能履行的政府行为。合同应根据实际情况，约定卖方未按合

同履行义务时，可以不可抗力为理由免除违约责任的具体情形，或哪些情况不属于可免除卖方违约责任的不可抗力，以及卖方因不可抗力不能履行合同时，通知买方的时间、方式等要求。

以案释险

案例 22　买方逾期付款利息属于法定违约金的范畴，不可通过约定予以排除——甲工程局与乙建筑设备租赁公司买卖合同纠纷［辽宁省沈阳市中级人民法院（2023）辽 01 民终 3079 号］

2020 年，甲工程局（甲方）与乙建筑设备租赁公司（乙方）签订采购合同，约定由乙建筑设备租赁公司向甲工程局供应床铺、床垫、油漆、防生网、苫布、防疫喷雾器、洗手液、消毒液、口罩等物资，乙建筑设备租赁公司按约定供货完毕后，甲工程局支付了部分货款，尚欠货款 267467.52 元，故乙建筑设备租赁公司提起诉讼，要求甲工程局支付欠款及逾期付款利息。甲工程局承认欠款，但提出采购合同 12.4 约定“如甲方逾期支付货款，乙方免除财务费用”，乙建筑设备租赁公司主张的逾期付款利息实为利息损失，应包括在财务费用之内，因此甲工程局没有支付逾期付款利息的义务。

法院认为，虽双方在案涉合同中约定如甲工程局公司逾期支付货款，乙建筑设备租赁公司不得索要因此产生的财务费用，但逾期付款利息属法定违约金的范畴，不可通过约定予以排除，故未支持甲工程局上述抗辩，判令其支付欠付货款及逾期付款利息。

法条索引

民法典（主席令第 45 号）

第五百八十二条 履行不符合约定的，应当按照当事人的约定承担违约责任。对违约责任没有约定或者约定不明确，依据本法第五百一十条的规定仍不能确定的，受损害方根据标的的性质以及损失的大小，可以合理选择请求对方承担修理、重作、更换、退货、减少价款或者报酬等违约责任。

第五百八十五条第一款 当事人可以约定一方违约时应当根据违约情况向对方支付一定数额的违约金，也可以约定因违约产生的损失赔偿额的计算方法。

第五百九十条第一款 当事人一方因不可抗力不能履行合同的，根据不可抗力的影响，部分或者全部免除责任，但是法律另有规定的除外。因不可抗力不能履行合同的，应当及时通知对方，以减轻可能给对方造成的损失，并应当在合理期限内提供证明。

保障中小企业款项支付条例（国务院令第 728 号）

第十五条 机关、事业单位和大型企业迟延支付中小企业款项的，应当支付逾期利息。双方对逾期利息的利率有约定的，约定利率不得低于合同订立时 1 年期贷款市场报价利率；未作约定的，按照每日利率万分之五支付逾期利息。

三、合同解除条款

实务指引

1. 合同一方迟延履行主要债务，经催告后在合理期限内仍未履

行，或迟延履行致使合同目的不能实现，是另一方的法定解除权情形。应约定触发买方解除权的卖方迟延履行时间、经催告后仍未履行的“合理期限”等事项，避免买方行使解除权时发生争议。

2. 可根据实际需求约定买方可以解除合同的其他情形，如卖方根据合同约定需支付的各项违约金累计达到合同价款金额一定比例，买方驻厂监造发现的问题在交货前仍未解决等。

3. 应约定因卖方违约导致合同解除时卖方应承担的责任，包括退还买方已支付的合同价款，支付一定金额或合同价格一定比例的违约金，赔偿买方损失等。

法条索引

民法典（主席令第 45 号）

第五百六十二条　当事人协商一致，可以解除合同。

当事人可以约定一方解除合同的事由。解除合同的事由发生时，解除权人可以解除合同。

第五百六十三条第一款　有下列情形之一的，当事人可以解除合同：

（一）因不可抗力致使不能实现合同目的；

（二）在履行期限届满前，当事人一方明确表示或者以自己的行为表明不履行主要债务；

（三）当事人一方迟延履行主要债务，经催告后在合理期限内仍未履行；

（四）当事人一方迟延履行债务或者有其他违约行为致使不能实现合同目的；

（五）法律规定的其他情形。

第五百六十六条　合同解除后，尚未履行的，终止履行；已经履行的，根据履行情况和合同性质，当事人可以请求恢复原状或者采取其他补救措施，并有权请求赔偿损失。

合同因违约解除的，解除权人可以请求违约方承担违约责任，但是当事人另有约定的除外。

主合同解除后，担保人对债务人应当承担的民事责任仍应当承担担保责任，但是担保合同另有约定的除外。

第三章

物资采购合同签订

国有企业通过招标采购、谈判协商等方式确定物资采购合同关键条款内容后，应及时签订书面合同，并规范合同的签署和用印，保证合同是双方真实意思表示并依法成立、生效，防范合同诈骗等风险。

第一节　签订书面合同

一、合同签订前的协商

实务指引

1. 采取招标等竞争性方式进行采购的，中标结果确定后、签订书面合同前，采购方与中标供应商可以就合同条款进行协商，进一步明确相关细节，确定最终的合同文本，但标的、价款、质量、履行期限等主要条款应当与招标文件和中标供应商的投标文件的内容

一致，不得在协商时作出变更，否则存在审计风险，还可能受到责令改正、罚款等行政处罚。

2. 对于不是必须采取招标等竞争性方式采购，或由于市场情况等因素不适宜采取竞争性方式采购的物资，采购方可以与供应商就采购进行一对一的协商。在此过程中，采购方可与供应商签订认购书、订购书、预订书等文件，或交付定金，约定在将来一定期限内订立合同。如根据认购书、订购书、预订书或交付定金时的相关约定，能够确定订立合同的主体、标的等内容，则构成预约合同。采购方应当遵循诚信原则，尽合理努力与供应商磋商订立正式的本约合同，不得无正当理由拒绝订立，或在磋商时提出明显背离预约合同约定的条件，导致双方无法订立本约合同，否则将构成对预约合同的违约，无权请求供应商返还定金，还可能被供应商要求赔偿损失；如供应商存在上述违背诚信原则的行为，采购方也可要求其承担双倍返还定金等预约合同的违约责任，以维护自身权益。

3. 采购方签订认购书、订购书、预订书等文件或交付定金，构成预约合同时，如尚未经内部决策或审批程序确定己方可以接受的数量、价款等合同主要内容，则不应约定这些事项，并注意避免遗漏关于将来一定期限内另行订立合同的约定。如在预约合同中已约定了合同主要内容，又未约定将来另行订立合同，可能被认定为双方已就合同主要内容达成合意、本约合同已经成立，导致采购方须履行不符合自身意愿的合同。在约定了将来另行订立合同的情况下，不应在订立合同前就接受供应商的交货等履行行为，避免使合同因实际履行而成立，导致买方无法再协商争取对自身有利的合同条款。

4. 对于依法依规应当采取招标等竞争性方式采购的物资，采购方也可以先与供应商协商签订意向书、备忘录等表达交易意向的文

件，但此类文件应仅表达意向，一般不应约定将来一定期限内另行订立合同；如考虑加强双方合作关系等因素，需要作出将来另行订立合同的约定，则应明确将来订立合同是附条件的，以竞争性采购结果为依据，避免使意向书、备忘录等构成有约束力的预约合同，与采购方采取竞争性方式进行采购的义务发生冲突。

以案释险

案例 23　未明确合同关键内容的《委托单》属于预约，不成立正式合同关系，一方有合理理由可以不签订本约合同——甲集团公司与乙混凝土公司买卖合同纠纷 [上海市第二中级人民法院（2020）沪 02 民终 8312 号]

2019 年 2 月 26 日，甲集团公司与乙混凝土公司双方工作人员签订《委托单》，约定自当日起甲集团公司向乙混凝土公司采购各种标号的混凝土用于上海东渡海悦城项目，预计用量 70000 立方米，具体付款、价格等以签订合同为准，同时约定混凝土单价按当月信息价下浮 12%计算。同年 4 月 16 日，乙混凝土公司向甲集团公司提出混凝土的报价，其中包含标号、价格及付款方式等内容，并明确各标号混凝土单价按当月信息价计算（不再下浮 12%）。对此甲集团公司未予回复。为此，乙混凝土公司提起诉讼，要求甲集团公司履行合同。

法院认为，《委托单》缺乏明确的标的、数量、价款、付款方式、违约责任、争议解决方法等合同要素，仅约定了混凝土的预计采购量，并且约定双方将来另行签订合同，因此仅构成预约合同。本案中双方未签订本约合同，乙混凝土公司认为双方已经实际履行，但甲集团公司实际仅采购了少量混凝土，用于工地活动板房、工人生活区临时道路等建筑工程入场初期的临时性设施建设，而非建筑工程的项目主体建设，且实际履行的部分已结算完毕，双方并未就 70000 立方米混凝土签订本约合同，甲集团公司并不负有购买 70000 立方米混凝土的义务。且甲集团公司对未签订本约合同也具有合理理由：乙混凝土公司报价未依约定按当月信息价下浮 12%计算。因此双方之间未成立买卖合同，鉴于甲集团公司不存在假借订立合同、恶意进行磋商等有违诚信的行为，主观无过错，故驳回乙混凝土公司的诉讼请求。

法条索引

招标投标法实施条例（国务院令第 709 号）

第五十七条第一款 招标人和中标人应当依照招标投标法和本条例的规定签订书面合同，合同的标的、价款、质量、履行期限等主要条款应当与招标文件和中标人的投标文件的内容一致。招标人和中标人不得再行订立背离合同实质性内容的其他协议。

第七十五条 招标人和中标人不按照招标文件和中标人的投标文件订立合同，合同的主要条款与招标文件、中标人的投标文件的内容不一致，或者招标人、中标人订立背离合同实质性内容的协议的，由有关行政监督部门责令改正，可以处中标项目金额 5‰以上 10‰以下的罚款。

民法典（主席令第 45 号）

第四百九十五条 当事人约定在将来一定期限内订立合同的认购书、订购书、预订书等，构成预约合同。

当事人一方不履行预约合同约定的订立合同义务的，对方可以请求其承担预约合同的违约责任。

第五百八十六条第一款　当事人可以约定一方向对方给付定金作为债权的担保。定金合同自实际交付定金时成立。

第五百八十七条　债务人履行债务的，定金应当抵作价款或者收回。给付定金的一方不履行债务或者履行债务不符合约定，致使不能实现合同目的的，无权请求返还定金；收受定金的一方不履行债务或者履行债务不符合约定，致使不能实现合同目的的，应当双倍返还定金。

最高人民法院关于适用《中华人民共和国民法典》合同编通则若干问题的解释（法释〔2023〕13号）

第六条　当事人以认购书、订购书、预订书等形式约定在将来一定期限内订立合同，或者为担保在将来一定期限内订立合同交付了定金，能够确定将来所要订立合同的主体、标的等内容的，人民法院应当认定预约合同成立。

当事人通过签订意向书或者备忘录等方式，仅表达交易的意向，未约定在将来一定期限内订立合同，或者虽然有约定但是难以确定将来所要订立合同的主体、标的等内容，一方主张预约合同成立的，人民法院不予支持。

当事人订立的认购书、订购书、预订书等已就合同标的、数量、价款或者报酬等主要内容达成合意，符合本解释第三条第一款规定的合同成立条件，未明确约定在将来一定期限内另行订立合同，或者虽然有约定但是当事人一方已实施履行行为且对方接受的，人民法院应当认定本约合同成立。

第七条　预约合同生效后，当事人一方拒绝订立本约合同或者在磋商订立本约合同时违背诚信原则导致未能订立本约合同的，人民法院应当认定该当事人不履行预约合同约定的义务。

人民法院认定当事人一方在磋商订立本约合同时是否违背诚信原则，应当综合考虑该当事人在磋商时提出的条件是否明显背离预约合同约定的内容以及是否已尽合理努力进行协商等因素。

第八条 预约合同生效后，当事人一方不履行订立本约合同的义务，对方请求其赔偿因此造成的损失的，人民法院依法予以支持。

前款规定的损失赔偿，当事人有约定的，按照约定；没有约定的，人民法院应当综合考虑预约合同在内容上的完备程度以及订立本约合同的条件的成就程度等因素酌定。

二、合同签订时间

实务指引

1. 采取招标等竞争性方式和单一来源采购方式采购物资，应当自中标通知书发出之日起三十日内，按照招标文件和中标人的投标文件签订书面采购合同。由于中标通知书到达中标人时买卖合同即成立，因此买方如无正当理由拒绝签订合同，卖方有权要求买方根据招投标文件、中标通知书确定的合同内容承担相应违约责任；买方如未在30日期限内签订合同，存在合同签订不及时的审计风险，且双方权利义务没有及时通过书面合同形式予以固化，也不利于合同的顺利履行，可能引发争议。

2. 采取协商方式进行物资采购，双方经协商已确定了标的物及其数量、规格、交货时间等主要条款，买方已要求卖方进行产品设计、原材料采购等准备工作的，应及时签订书面合同。买方如无正

当理由拒绝签订合同，可能被认定构成违反诚实信用原则的恶意磋商行为，被卖方要求承担赔偿信赖利益损失（如卖方为准备履行合同而开展准备工作所支出的费用）的缔约过失责任。

3. 在签订书面采购合同之前，应避免先进行接收物资、支付货款等实际履行合同行为，否则不仅存在倒签合同的审计风险，而且卖方可主张合同已因实际履行而成立生效，即使买方发现是相关工作人员擅自进行不符合买方意愿或不利于买方的履行行为，也不能以未签订书面合同为由主张合同不成立或未生效，仍需承担支付货款等责任。

4. 国有企业通过招标方式签订物资采购合同后，应当及时在进行招标的招标投标公共服务平台、公共资源交易平台、电子招标投标交易平台上公开项目名称、合同双方名称、合同价款、签约时间、合同期限等合同订立信息。

以案释险

案例 24　违反诚实信用原则，在多次进行协商且对方已为履行合同进行了准备工作后拒绝签订合同，应承担缔约过失责任，赔偿给对方造成的损失——甲科技公司与乙礼品公司买卖合同纠纷［上海市浦东新区人民法院（2022）沪 0115 民初 65870 号］

自 2022 年 7 月 7 日开始，甲科技公司工作人员与乙礼品公司法定代表人通过微信就中秋礼品定制事宜持续进行沟通。甲科技公司工作人员称产品交货期紧张，多次要求乙礼品公司就礼品定制先行向工厂下单。2022 年 8 月 15 日甲科技公司发出无意愿采购中秋礼品的书面通知，乙礼品公司在收到通知后虽及时通知第三方工厂暂停制作，但因所有配件都按照甲科技公司要求定制了颜色，裁剪成型，印刷了甲科技公司的元素图案，乙礼品公司已不能退货，受到很大的损失。乙礼品公司提起诉讼，要求甲科技公司赔偿损失。

法院认为，根据微信聊天记录，双方对于涉案礼品定制数量、样式、样品等进行了多次沟通，甲科技公司在尚未签订合同的情况下，通过微信多次要求乙礼品公司就涉案礼品定制先行向工厂下单，应认为乙礼品公司对于后续签订合同具有合理信赖。涉案礼品系专为当年中秋过节赠品使用，具有时令特征。作为定制品，乙礼品公司在沟通时曾多次告知甲科技公司涉案中秋礼品的定制需要一定的工期，乙礼品公司在向工厂下单前也与甲科技公司做过告知确认，甲科技公司也予以认可，故乙礼品公司先行向第三方工厂订购涉案礼品，系为后续合同的履行进行准备工作，并不具有过错。因此，甲科技公司应承担缔约过失责任，赔偿其拒绝签订合同给乙礼品公司造成的损失。

案例 25　合同已实际履行，买方不能以其未在合同上签字为由主张合同未成立——甲科技公司与乙科技公司买卖合同纠纷［北京市第一中级人民法院（2023）京 01 民终 2890 号］

2018 年 11 月 13 日，甲科技公司（买方）与乙科技公司（卖方）签订购销合同，由甲科技公司向乙科技公司采购开闭器 1 套，合同价格为 37 万元。乙科技公司按照合同约定提供了全部产品，但甲科技公司未支付任何款项，乙科技公司提起诉讼。甲科技公司抗辩称，合同第十六条约定“本合同经双方签字并盖章后生效”，但第 4 页落款处“买方：甲科技公司法人 / 法人委托代表签字”处无任何签字，因此合同不符合约定的生效要件，依法应确认未生效。

法院认为，结合双方当事人陈述及在案证据情况，乙科技公司已按合同约定履行了供货、安装调试等义务，且物资已被签收，故

案涉合同成立并生效，未支持甲科技公司的上述抗辩主张。

招标投标法（主席令第 86 号）

第四十六条第一款　招标人和中标人应当自中标通知书发出之日起三十日内，按照招标文件和中标人的投标文件订立书面合同。招标人和中标人不得再行订立背离合同实质性内容的其他协议。

第五十九条　招标人与中标人不按照招标文件和中标人的投标文件订立合同的，或者招标人、中标人订立背离合同实质性内容的协议的，责令改正；可以处中标项目金额千分之五以上千分之十以下的罚款。

民法典（主席令第 45 号）

第四百九十条第二款　法律、行政法规规定或者当事人约定合同应当采用书面形式订立，当事人未采用书面形式但是一方已经履行主要义务，对方接受时，该合同成立。

第五百条　当事人在订立合同过程中有下列情形之一，造成对方损失的，应当承担赔偿责任：

（一）假借订立合同，恶意进行磋商；

……

最高人民法院关于适用《中华人民共和国民法典》合同编通则若干问题的解释（法释〔2023〕13 号）

第四条第一款　采取招标方式订立合同，当事人请求确认合同自中标通知书到达中标人时成立的，人民法院应予支持。合同成立后，当事人拒绝签订书面合同的，人民法院应当依据招标文件、投标文件和中标通知书等确定合同内容。

发展改革委、工业和信息化部、公安部、住房城乡建设部、交通运输部、水利部、农业农村部、商务部、审计署、广电总局、能源局、铁路局、民航局关于严格执行招标投标法规制度进一步规范招标投标主体行为的若干意见（发改法规〔2022〕1117 号）

一、强化招标人主体责任

（七）落实合同履约管理责任。招标人应当高度重视合同履约管理，健全管理机制，落实管理责任。依法必须招标项目的招标人应当按照《公共资源交易领域基层政务公开标准指引》要求，及时主动公开合同订立信息……

公共资源交易领域基层政务公开标准指引（发改办法规〔2019〕752 号）

工程建设项目招标投标信息中合同订立信息的公开内容：包括项目名称、合同双方名称、合同价款、签约时间、合同期限；公开渠道和载体是招标投标公共服务平台、公共资源交易平台、电子招标投标交易平台。

三、合同签订主体

实务指引

1. 通过招标采购方式采购物资的，应由招标人或招标采购文件约定的实际使用物资主体与中标人签订合同，不得为获取不当利益、转移利润等目的借用其他企业名义签订合同。

2. 企业集团组织集中招标采购、物资由集团内子企业实际使用的，应在招标文件或中标通知书中明确由相应子企业签订合同并负

责履行支付货款、收货验收等合同义务，集团不应参与合同的签订和履行，避免被卖方以集团是招标人为由，要求集团与实际签订履行合同的子企业对支付货款等合同义务承担连带责任。

以案释险

案例 26　集团统一组织集中招标采购，但未签订合同并履行合同义务的，对卖方不承担付款责任——甲能源集团、丙物流公司与乙环保公司买卖合同纠纷 [河南省高级人民法院（2019）豫民终 640 号]

2009 年 8 月 16 日，甲能源集团发布招标文件，对拟建“45 万吨 / 年电石项目”气烧石灰窑项目进行招标。2009 年 9 月 29 日，甲能源集团物资供应管理中心向乙环保公司发出中标通知书，通知该公司与项目单位签订技术和商务合同。2009 年 10 月 23 日，乙环保公司分别与丙物流公司、甲能源集团下属某煤电公司签订《购销合同》《技术协议》。后各方就合同货款支付发生争议，乙环保公司主张，招标文件载明招标人是甲能源集团，丙物流公司不具备建设包括石灰窑设备电石项目的资格和人员、技术能力，不可能获批建设主体地位和营业许可，仅为受托代理甲能源集团签订合同，因此甲能源集团应与丙物流公司就欠付货款及违约金承担连带清偿责任。

法院认为，根据已查明事实，甲能源集团对下属单位购进设备进行统一招标。甲能源集团对某盐化工气煤石灰窑项目公开招标，属于履行管理职能的行为，中标通知书明确载明“与项目单位签订技术和商务合同”，已经明确告知乙环保公司合同的实际履约人是项目单位，而非甲能源集团，合同关系成立应以最终签订书面合同的主体来确定。2009 年 10 月 23 日乙环保公司与丙物流公司签订的合同履行过程中，丙物流公司已向乙环保公司支付了合同部分款项，2015 年、2016 年丙物流公司两次向乙环保公司出具询证函确认欠款数额，乙环保公司对此予以认可，表明其明知付款主体系丙物流公司。本案合同签订、设备交付、货款支付、设备运行问题交涉、设备验收等各个阶段均不能反映出甲能源集团履行了合同义务，乙环保公司也从未向甲能源集团主张过支付货款。甲能源集团虽然与丙物流公司及项目涉及的煤电公司、电石厂等存在一定的管理关系，但在法律地位上均属独立法人，各公司均应按照《公司法》的规定以自己的财产对外承担法律责任。因此，乙环保公司要求甲能源集团承担丙物流公司欠付货款的连带清偿责任，依据不足。

四、签约时合同文本的审核确认

实务指引

1. 通过招标等竞争性方式采购物资的，应审核确认拟签订的合同文本与招标文件中的合同条款和中标人的投标文件对合同条款的响应相一致，不得对合同标的、价款、交付期限、质量要求等实质性条款进行变更，否则存在审计风险，可能受到行政处罚或导致合同履行过程中发生争议。

2. 通过协商谈判等方式采购物资的，应审核确认拟签订的合同文本与双方在协商谈判过程中就合同相关事项达成的一致意见相符，避免在合同履行过程中因一方认为合同约定与之前协商结果不符而引发争议。

以案释险

案例27　签订的合同与招标文件不一致的审计风险

审计署在关于中央部门单位2020年度预算执行等情况审计结果的公告中，通报某部委下属单位存在“与中标方签订采购合同时，违规修改招标文件中已确定的付款期限、比例等事项”问题。

法条索引

招标投标法（主席令第86号）

第四十六条第一款　招标人和中标人应当自中标通知书发出之日起三十日内，按照招标文件和中标人的投标文件订立书面合同。招标人和中标人不得再行订立背离合同实质性内容的其他协议。

第五十九条　招标人与中标人不按照招标文件和中标人的投标文件订立合同的，或者招标人、中标人订立背离合同实质性内容的协议的，责令改正；可以处中标项目金额千分之五以上千分之十以下的罚款。

第二节　合同签署和用印

一、买方签署人和用印管理

实务指引

1. 除签订正式书面合同外，企业员工在送货单、收货单、结算

单等单据上签字或盖章确认的，也可能被认定成立物资采购合同关系。因此，国有企业应针对书面合同和可能成立物资采购合同关系的单据，建立严格规范的签署和用印管理制度，防止因员工（包括有劳动关系的员工和借用人员）擅自签订合同，导致企业承担责任或产生损失。

2. 应根据金额、重要性等标准确定不同合同的签署权限，合同须经过物资需求、财务、法律等部门及企业相关负责人审核后，由法定代表人签署，或经法定代表人授权的工作人员在授权范围内签署。

3. 合同应约定经有权签署人签字并加盖企业公章或合同专用章后成立生效，通过用印审批程序保证合同经过企业内部的审核并确认其符合企业利益；在有此约定的情况下，对于在法定代表人或其授权的工作人员职权范围内的采购事项，合同仅有其签字也不能成立生效，可保证企业对采购活动实现有效的管控。

4. 企业公章和合同专用章应由专门部门安排专人保管，不得由法定代表人或其授权的工作人员个人保管，也不得让上述人员持有预先盖章的空白合同签字页，避免其使用已盖章的空白签字页擅自对外签订合同。

5. 印章管理部门为合同盖章时，应审核该合同在企业内部合同管理档案或信息系统中是否有相应的完整审核记录，确认合同的真实性；物资需求部门接受卖方送货、财务部门办理付款手续时，都应确认是否有与所送物资、支付款项相对应的已履行企业内部审核审批手续并按要求签字盖章的合同。通过上述措施，避免因给员工擅自签订的合同盖章或进行收货付款，被认定为以实际签订、履行行为承认该合同对企业发生效力。

6. 企业通过章程或内部规定对于法定代表人或其授权的工作人

员签订合同职权的限制应通过适当方式进行公示或告知。如发生法定代表人或工作人员超出职权范围签订采购合同的情况，企业可主张因已对其内部关于职权的限制进行了公示或告知，卖方知道或应当知道此种限制，不构成善意相对人，因此合同对企业不发生效力，使企业免于对法定代表人或工作人员越权签订的采购合同承担责任。

案例 28　企业借用人员在供货清单上签字确认，企业与供货商之间形成买卖合同关系——甲路桥公司与乙环保科技公司买卖合同纠纷 [北京市第一中级人民法院（2023）京 01 民终 4048 号]

乙环保科技公司于 2021 年 3 月至 5 月向甲路桥公司供应施工标牌等，甲路桥公司未支付货款。乙环保科技公司提起诉讼，并提交了供货清单四张，载明项目现场接收人员为李某，供货单位为乙环保科技公司，并均有李某的签字。甲路桥公司抗辩称，乙环保科技公司提交的证据均是针对案外人李某，李某虽然是甲路桥公司借用过的员工，但并不是对外交易的授权代表，供货清单上也没有甲路桥公司的公章，因此乙环保科技公司、甲路桥公司没有形成买卖合同关系。乙环保科技公司认为李某在被甲路桥公司借用期间兼任案涉项目的应急办公室主任，其向乙环保科技公司采购现场施工安全标牌等材料在其职务范围内，系代表甲路桥公司作出的职务行为，对甲路桥公司发生法律效力，双方形成事实上的买卖合同关系。

法院认为，李某系甲路桥公司下属的市政公司工作人员，在被甲路桥公司借用期间，向乙环保科技公司订购案涉货物。考虑案涉项目的总包方和施工方均系甲路桥公司，甲路桥公司亦认可其收到了清单中部分货物，可以认定李某系代表甲路桥公司向乙环保科技公司进行采购，甲路桥公司与乙环保科技公司就案涉货物形成事实上的买卖合同关系，判决甲路桥公司应当支付货款。

法条索引

民法典（主席令第 45 号）

第一百七十条 执行法人或者非法人组织工作任务的人员，就其职权范围内的事项，以法人或者非法人组织的名义实施的民事法律行为，对法人或者非法人组织发生效力。

法人或者非法人组织对执行其工作任务的人员职权范围的限制，不得对抗善意相对人。

第五百零四条 法人的法定代表人或者非法人组织的负责人超越权限订立的合同，除相对人知道或者应当知道其超越权限外，该代表行为有效，订立的合同对法人或者非法人组织发生效力。

最高人民法院关于适用《中华人民共和国民法典》合同编通则若干问题的解释（法释〔2023〕13 号）

第二十条第二款 合同所涉事项未超越法律、行政法规规定的法定代表人或者负责人的代表权限，但是超越法人、非法人组织的章程或者权力机构等对代表权的限制，相对人主张该合同对法人、非法人组织发生效力并由其承担违约责任的，人民法院依法予以支持。但是，法人、非法人组织举证证明相对人知道或者应当知道该限制的除外。

第二十一条第三款 合同所涉事项未超越依据前款确定的职权范围[1]，但是超越法人、非法人组织对工作人员职权范围的限制，相对

[1] 此处“前款确定的职权范围”是指法律、行政法规规定签订某类合同需履行特定决议程序或需由法定代表人进行、不属于工作人员的职权范围，如签订为他人担保合同需经股东会或董事会决议，目前法律、行政法规关于签订采购合同基本没有此类规定。

人主张该合同对法人、非法人组织发生效力并由其承担违约责任的，人民法院应予支持。但是，法人、非法人组织举证证明相对人知道或者应当知道该限制的除外。

第二十二条第二款 合同系以法人、非法人组织的名义订立，但是仅有法定代表人、负责人或者工作人员签名或者按指印而未加盖法人、非法人组织的印章，相对人能够证明法定代表人、负责人或者工作人员在订立合同时未超越权限的，人民法院应当认定合同对法人、非法人组织发生效力。但是，当事人约定以加盖印章作为合同成立条件的除外。

最高人民法院关于审理买卖合同纠纷案件适用法律问题的解释（法释〔2020〕17号）

第一条第一款 当事人之间没有书面合同，一方以送货单、收货单、结算单、发票等主张存在买卖合同关系的，人民法院应当结合当事人之间的交易方式、交易习惯以及其他相关证据，对买卖合同是否成立作出认定。

二、对卖方签署人和用印的审核

实务指引

1. 买方应通过要求提供劳动合同、聘用书，联系卖方核实等方式，审核代表卖方签订合同的签署人是否确系卖方员工，防止不法分子冒充卖方员工签订采购合同，并通过合同骗取买方货款。国有企业工作人员如未尽到该审核义务，导致企业被骗，可能构成签订、履行合同失职被骗罪，被判承担刑事责任。

2. 买方应审核卖方的合同签署人是否具有相应职权。如是法定代表人签署，签署人姓名应与企业信用信息公示系统公开的卖方法定代表人姓名一致；如不是法定代表人签署，应要求提供卖方法定代表人关于签订合同的授权书，确认拟签订的合同在授权范围之内；如卖方签署人以签订合同属于其所任职务或岗位的职权范围（如作为销售经理签订合同）为由，表示不需要提供法定代表人授权书的，应留存能够证明卖方签署人职位或岗位的材料（如名片、业务委托书、岗位聘任书等）。

3. 经审核确认卖方签署人未超出其职权范围，买方没有义务再鉴别该签署人加盖在合同文本上的卖方印章的真伪或确认其是在公安机关备案的印章，但仍应进行必要的形式审核。如存在明显错误，如印章显示的企业名称与卖方名称不一致，但买方未发现，卖方可能主张买方未尽到合理审核义务，不属于善意相对人，进而否认合同对卖方发生效力。

以案释险

案例 29　未审查合同对方联系人身份及合同、收据真伪，导致企业资金被骗，构成签订、履行合同失职被骗罪——赵某签订、履行合同失职被骗案 [山东省邹城市人民法院（2018）鲁 0883 刑初 339 号]

赵某系甲供销公司贸易部业务员，与田某安排的假冒的乙煤矿销售科科长见面，听取虚假介绍，将未调查核实的虚假情况向本单位参与项目评审会的人员汇报并获得批准，并擅自将合同文本交于田某，田某在合同文本上加盖了伪造的乙煤矿合同印章并冒充乙煤

矿销售科科长签名后，赵某未核实合同签订人员身份及合同真伪就将2040万元银行承兑汇票交给田某等人安排的假冒的乙煤矿财务人员，对拿回的假收款收据和提煤单也未核实真伪，最终导致甲供销公司共计被骗1750万元。法院认定赵某犯签订、履行合同失职被骗罪，判处有期徒刑四年。

法条索引

刑法（主席令第18号）

第一百六十七条　国有公司、企业、事业单位直接负责的主管人员，在签订、履行合同过程中，因严重不负责任被诈骗，致使国家利益遭受重大损失的，处三年以下有期徒刑或者拘役；致使国家利益遭受特别重大损失的，处三年以上七年以下有期徒刑。

民法典（主席令第45号）

第一百七十条　执行法人或者非法人组织工作任务的人员，就其职权范围内的事项，以法人或者非法人组织的名义实施的民事法律行为，对法人或者非法人组织发生效力。

法人或者非法人组织对执行其工作任务的人员职权范围的限制，不得对抗善意相对人。

最高人民法院关于适用《中华人民共和国民法典》合同编通则若干问题的解释（法释〔2023〕13号）

第二十二条第一款　法定代表人、负责人或者工作人员以法人、非法人组织的名义订立合同且未超越权限，法人、非法人组织仅以合同加盖的印章不是备案印章或者系伪造的印章为由主张该合同对其不发生效力的，人民法院不予支持。

三、电子合同的签署

实务指引

1. 国有企业建立电子签约平台、线上签订数据电文形式的采购合同，即电子合同，需以电子签名[1]方式完成买卖双方的签署。此种情况下，合同经过代表买卖双方的可靠电子签名即成立生效。电子签名过程中使用的将电子签名与买卖双方可靠地联系起来的字符、编码等数据应当分别属于买卖双方专有且仅由其控制，可靠的电子签名应该保证在其签署后，对电子签名及合同数据电文内容、形式的任何改动都能够被发现。

2. 为确保数据电文形式采购合同双方电子签名的真实性，可以要求对电子签名进行第三方认证，由认证机构出具电子签名认证证书（即通常所说的CA证书），对电子签名的真实性、可靠性进行认证。买卖双方通过电子签约平台签订合同时使用电子签名认证证书（通常存储于实体的电子密钥中）进行电子签名，通过验证证书载明的证书持有人的电子签名验证数据，保证合同由买卖双方真实签署。国有企业应参照公章管理的方式和标准，做好电子密钥的保管工作，防止被盗用并擅自签署合同。

3. 为降低供应商成本、优化营商环境，防范指定交易对象的反垄断风险，国有企业在建设电子签约平台时，应当通过系统设置等手段，实现对不同的认证机构出具的电子签名认证证书的互认，避

---

[1] 电子签名指数据电文中以电子形式所含、所附用于识别签名人身份并表明签名人认可其中内容的数据，不能仅因合同电子文本上显示了签字或印章的图形，就认定其已进行了电子签名。

免限定只能使用特定认证机构的认证证书。

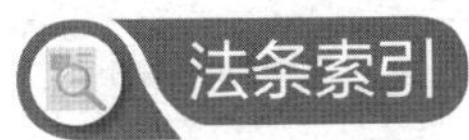

电子签名法（主席令第 29 号）

第二条　本法所称电子签名，是指数据电文中以电子形式所含、所附用于识别签名人身份并表明签名人认可其中内容的数据。

本法所称数据电文，是指以电子、光学、磁或者类似手段生成、发送、接收或者储存的信息。

第三条第一款　民事活动中的合同或者其他文件、单证等文书，当事人可以约定使用或者不使用电子签名、数据电文。

第十三条　电子签名同时符合下列条件的，视为可靠的电子签名：

（一）电子签名制作数据用于电子签名时，属于电子签名人专有；

（二）签署时电子签名制作数据仅由电子签名人控制；

（三）签署后对电子签名的任何改动能够被发现；

（四）签署后对数据电文内容和形式的任何改动能够被发现。

当事人也可以选择使用符合其约定的可靠条件的电子签名。

第十四条　可靠的电子签名与手写签名或者盖章具有同等的法律效力。

第十六条　电子签名需要第三方认证的，由依法设立的电子认证服务提供者提供认证服务。

第二十八条　电子签名人或者电子签名依赖方因依据电子认证服务提供者提供的电子签名认证服务从事民事活动遭受损失，电子认证服务提供者不能证明自己无过错的，承担赔偿责任。

电子认证服务管理办法（工业和信息化部令第29号）

第二条第一款 本办法所称电子认证服务，是指为电子签名相关各方提供真实性、可靠性验证的公众服务活动。

第二十八条 电子签名认证证书应当准确载明下列内容：

（一）签发电子签名认证证书的电子认证服务机构名称。

（二）证书持有人名称。

（三）证书序列号。

（四）证书有效期。

（五）证书持有人的电子签名验证数据。

（六）电子认证服务机构的电子签名。

（七）工业和信息化部规定的其他内容。

第四章

物资采购合同履行

物资采购合同履行过程中，国有企业应按照合同约定履行支付货款的主义务，并加强对负责合同履行人员的管理，确保其对外作出的履行行为是企业真实意思表示；要及时接收物资并进行检验验收，如有质量问题在约定期限内提出异议及修理、更换等要求；如卖方未按合同约定履行交货等义务，依法依约追究其违约责任或解除合同，维护自身合法权益，并注意履行防止损失扩大的义务。

第一节　买方支付货款

一、按照约定付款

实务指引

1. 按照合同约定的付款条件和期限及时足额向卖方支付货款。如违反合同约定提前付款或在付款条件尚未满足时付款，属于放弃

根据合同应享有的权利，存在审计风险，也无法通过付款约束卖方履行合同义务；如未按合同约定及时付款，构成拖欠货款，也存在审计风险，还会被卖方要求承担支付逾期利息等违约责任；卖方因受买方迟延付款影响不能及时供货不构成违约，买方不仅无法按时收到所需物资，还不能追究卖方迟延交付的责任。

2. 合同约定了办理货款结算手续等付款前置条件的，在未完成手续办理前不应付款，避免被认定为通过实际履行对关于付款的约定进行变更，导致买方在合同约定的付款条件尚未满足的情况下承担付款义务。买方应及时办理相关手续，避免因怠于办理而被认定故意阻碍付款条件成就并拖延付款。

3. 付款时应注意审查卖方提交的发票，确认发票记载的金额与合同约定或双方确认的结算金额一致，如金额不一致，应及时与卖方沟通，确认准确的金额后才能入账并付款。如买方通过入账等方式接受了发票，就应当按照发票记载的金额付款，不能再以发票记载金额与合同约定或确认的计算金额不一致为由，对应付款金额提出异议。

4. 在合同约定的付款条件期限届满、付款条件成就时，如买方对卖方同时享有已经到期的金钱债权（如卖方根据其他合同需要向买方支付款项），买方可以通知卖方，以该债权抵销对卖方的全部或部分货款债务。但买方主张用以抵销货款债务的债权应当是真实和确定的，不得以不真实或双方仍有争议的不确定债权提出抵销并直接从应付款中扣减相应抵销金额。

5. 合同约定“背靠背”付款条款，以买方上游债务人付款作为买方付款条件、买方付款比例不超过上游债务人付款比例的，买方要加强上游款项催收，不能怠于行使权利，同时又以上游债务人未付款为由拖延支付货款。

6. 合同约定实行“分期付款”，即买方将应付的全部货款在一

定期限内至少分三次向卖方支付的，买方即使确因自身经营困难不能按约定时间足额付款，也应避免出现未支付到期货款的数额达到全部货款的五分之一，经催告后在合理期限内仍未支付到期货款的情况，否则卖方可以请求买方立即支付全部货款（包括根据合同约定尚未到支付期限的货款）或者解除合同，使买方丧失依据合同可以享有的分期付款权利。

案例 30　未按合同约定付款的审计风险

审计署在关于中央部门单位 2020 年度预算执行等情况审计结果的公告中，通报某部委及其下属单位存在“未按项目进度及合同约定付款，提前支出 46.5 万元”“违规提前支付合同款，涉及金额 266.47 万元”等问题；在关于中央部门单位 2021 年度预算执行等情况审计结果的公告中，通报某部委存在“未按合同约定期限付款 1611.92 万元”等问题；在关于中央部门单位 2022 年度预算执行等情况审计结果的公告中，通报某部委下属单位存在“在供应商尚未履行合同约定，未达全部付款条件的情况下，一次性支付全部货款 393.79 万元”问题。

案例 31　卖方受买方拖欠货款影响，购买原材料发生困难，因此导致的迟延交货不构成违约——甲风电科技公司与乙塔筒制造公司买卖合同纠纷 [最高人民法院（2013）民一终字第 181 号]

2010 年 9 月 5 日，甲风电科技公司与乙塔筒制造公司签订《SL3000/HH90 陆上低温型塔筒买卖合同》，约定乙塔筒制造公司出售给甲风电科技公司 3 兆瓦陆上低温塔筒 64 套（包括塔筒、基础环及塔内钢结构)。后双方发生争议诉至法院，乙塔筒制造公司请求判令甲风电科技公司支付塔筒货款112009744元及延期付款利息；甲风电科技公司反诉请求判令乙塔筒制造公司赔偿迟延交货给其造成的损失11877776元。

法院认为，尽管乙塔筒制造公司存在迟延交货，但由于甲风电科技公司从合同履行伊始就拖欠货物进度款，经乙塔筒制造公司多次书面催讨，仍一直故意拖欠，造成乙塔筒制造公司购买塔筒材料困难。该行为对迟延交货产生了直接影响，且乙塔筒制造公司在催款时已书面告知甲风电科技公司，如不及时支付货款将迟延交货，符合合同约定，故认定乙塔筒制造公司迟延交货不构成违约，甲风电科技公司应支付拖欠货款及利息。

案例32　买方未按照合同约定程序向卖方付款，视为双方在实际履行中对付款程序相关约定进行了变更——甲安装建设公司与乙新型材料公司买卖合同纠纷［山东省青岛市中级人民法院(2022)鲁02民终15048号］

甲安装建设公司、乙新型材料公司于2016年9月9日签订《物资采购合同》，约定甲安装建设公司向乙新型材料公司采购混凝土，具体结算金额以双方共同验收并签字结算的供货数量为准。后乙新型材料公司以甲安装建设公司拖欠货款为由提起诉讼，甲安装建设公司抗辩称，双方在供货完成后从未进行过最终的结算，因此供货数量和结算金额无法确定，付款条件尚不满足。

法院认为，乙新型材料公司已履行全部供货义务，在双方未按照合同约定进行结算并确定供货数量的情况下，甲安装建设公司已支付货款4765000元，足以认定双方并未完全按照合同关于结算与付款的约定履行，即双方在实际履行中对合同关于先结算供货数

量、确定结算金额后付款的约定进行了变更。因此，可以依据甲安装建设公司工作人员签字确认的对账单所载明的供货数量确定货款金额，甲安装建设公司应当支付货款。

案例33 买方接受的增值税发票记载金额与合同约定不一致，在无相反证据的情况下，应以发票记载金额作为应支付货款金额——甲油料公司与乙石油销售公司买卖合同纠纷［最高人民法院（2010）民二终字第130号］

2009年3月，甲油料公司与乙石油销售公司签订《成品油采购合同》，约定乙石油销售公司向甲油料公司销售0号柴油1万吨，单价每吨4300元，合同总价款为4300万元。2009年4月9日，双方签订一份“油品定价确认函”，内容为“致：甲油料公司，为了确保贵公司采购0号柴油早日实现，我公司决定：由于上游油田0号柴油价格未确定，所以之前与贵公司所签合同不能执行，需等上游油田价格确定后，再协商贵公司采购价，望贵公司理解并支持。特此确认！乙石油销售公司”。2009年4月3日至6月18日，甲油料公司从被告乙石油销售公司陆续提油4156.56吨，2009年6月23日、24日、25日，乙石油销售公司以每吨5200元的价格向甲油料公司开具1520万元的增值税专用发票，甲油料公司也接受了发票并入账。后双方就货款支付发生诉讼，甲油料公司主张合同约定价格为每吨4300元，不是5200元，双方当事人也从未就合同价格变更达成过一致意见，因此增值税专用发票载明的价格不是双方真实交易价格，不能作为应付货款金额的确定依据。

法院认为，根据《发票管理办法》第二十二条关于任何单位和个人不得虚开与实际经营业务情况不符的发票的规定，在无相反证据的情况下，根据卖方开具、买方接受并提交税收征管机关认证的增值税专用发票，确认双方当事人实际交易价格并无不妥。由于乙石油销售公司已经根据实际交易的0号柴油数量向甲油料公司开具了增值税专用发票，甲油料公司也已接受了该发票，应当认定双方当事人已经协商一致变更合同价格，甲油料公司应当按照发票载明的价格支付货款。

案例34　买方不能以尚不确定的债权抵销其对卖方的货款债务——甲工业炉公司与乙自动控制系统公司买卖合同纠纷[上海市第一中级人民法院（2020）沪01民终8805号]

2018年12月29日起至2019年5月间，甲工业炉公司多次通过采购订单的形式向乙自动控制系统公司采购整套系统集成设备，共计货款金额（含税）2238315.17元，甲工业炉公司应在收到乙自动控制系统公司提供的发票后30天内全部付款。合同开始履行后，乙自动控制系统公司按约向甲工业炉公司交付了采购订单中的设备并陆续开具了相应的增值税专用发票。2019年10月，甲工业炉公司以部分设备价格过高要求乙自动控制系统公司调整合同价款，乙自动控制系统公司同意协商但最终双方未能达成一致意见，甲工业炉公司以此为由至今未支付全部货款。乙自动控制系统公司提起诉讼，要求甲工业炉公司支付拖欠货款、逾期利息并赔偿相关损失。甲工业炉公司抗辩称，合同通用条款第6.4款规定"甲工业炉公司对于供应商到期或即将到期的付款应受限于因甲工业炉公司和供应商之间就本交易或任何其他交易产生的任何反诉导致甲工业炉公司要求的扣减或抵销"。甲工业炉公司已就其与乙自动控制系统公司之间的合同显失公平提起诉讼，该诉讼包括本案部分采购订单所涉货款，故应待另案审结后，若甲工业炉公司的诉讼请求得到支持，则产生抵扣；若甲工业炉公司的诉讼请求未得到支持，则甲工业炉

公司才应支付本案货款。

法院认为，暂且不论上述6.4条款是否系格式条款且损害了乙自动控制系统公司的利益，仅根据文义理解，该条款系针对约定抵销的规定，即当甲工业炉公司对其供应商存在要求抵销的主张时，供应商主张的货款应予以相应扣减，但甲工业炉公司所主张的可用于与供应商货款进行抵销的债权应当是真实且明确的。本案中，尽管甲工业炉公司已另案提起诉讼，但其对乙自动控制系统公司是否享有可用于抵销的债权尚不能确定。故甲工业炉公司以通用条款第6.4款的规定主张不予支付涉案货款，缺乏法律和合同依据，法院不予支持。

法条索引

民法典（主席令第45号）

第一百五十九条　附条件的民事法律行为，当事人为自己的利益不正当地阻止条件成就的，视为条件已经成就；不正当地促成条件成就的，视为条件不成就。

第五百六十八条　当事人互负债务，该债务的标的物种类、品质相同的，任何一方可以将自己的债务与对方的到期债务抵销；但是，根据债务性质、按照当事人约定或者依照法律规定不得抵销的除外。

当事人主张抵销的，应当通知对方。通知自到达对方时生效。抵销不得附条件或者附期限。

第六百三十四条第一款　分期付款的买受人未支付到期价款的数额达到全部价款的五分之一，经催告后在合理期限内仍未支付到期价款的，出卖人可以请求买受人支付全部价款或者解除合同。

二、不以无法律依据的理由拒绝付款

实务指引

1. 双方已签字确认对账单、验收单等单据，表明已对结算金额达成一致意见，此时买方不能再以未完成付款的内部审批程序为由，主张付款条件尚不具备并拒绝付款（即使此种内部审批程序在合同中有约定）；买方如为保证自身资金安全、需要执行内部审批程序的，应要求相关工作人员在内部审批程序完成后再签字确认相关单据。

2. 在买卖合同中，卖方开具发票只是其附随义务而非主要义务，不影响合同目的的实现，但买方付款是其主要义务，买方不能以附随义务履行与否来对抗主合同义务的履行。因此，买方不能仅以卖方未开具发票为由拒绝付款。

3. 卖方提供的物资不合格，根据买方要求更换了物资，只要更换后的物资经检验合格，买方就应支付相应货款，不能以卖方供货不合格、更换物资是承担违约责任为由拒绝付款。

以案释险

案例 35　买方工作人员已签字确认对账单、验收单，不能再以未完成内部审批程序为由主张付款条件尚不具备——甲工程局与乙供应链管理公司买卖合同纠纷［上海市崇明区人民法院（2022）沪 0151 民初 5853 号］

甲工程局（买方）与乙供应链管理公司（卖方）签订《钢材采购合同》，主要内容为：每月 10 日进行对账，以买方上月签收的验收合格的送货单 / 磅单确认的数量为准（扣除相应罚款），对账不

作为付款依据；买方项目部经理、商务经理、设备经理、分公司及公司核算人员在协同平台共同审批确认后生效形成结算单，上述全部人员审批齐全的结算才具有结算效力，否则不得作为买方付款的依据。之后，乙供应链管理公司提出甲工程局在月度结算中多次逾期付款并产生资金占用费，经多次催告后，仍有货款4003757.27元未按合同约定按时足额支付，因此提起诉讼。甲工程局抗辩称合同约定结算后支付货款，而结算单需项目部经理、商务经理、设备经理、分公司及公司核算人员共同审批认定生效，上述人员审批周全之后才具有结算效力，否则不得作为付款依据。乙供应链管理公司提交的证据显示只有一人签字，没有完整的审批链条和时间，未达到结算和付款条件。

法院认为，乙供应链管理公司提交的对账单、结算单均有甲工程局工作人员签字确认，根据乙供应链管理公司提交的《货物签收、对账单签字授权书》，甲工程局工作人员一人签字即可代表公司签署对账结算单。甲工程局称“对账单、结算单需项目部经理、商务经理、设备经理、分公司及公司核算人员共同审批后生效”系其内部审批程序，在甲工程局工作人员已签字确认对账单、结算单的情况下，甲工程局未对后续未能审批完成的原因作出合理解释，亦未举证证明系因乙供应链管理公司的过错导致审批手续未能完成，故未支持甲工程局的抗辩，认定其欠付货款构成违约。

案例36　开具发票只是卖方的附随义务，卖方未开具发票不是买方不付款的正当理由——甲网络开发公司与乙集团公司买卖合同纠纷[最高人民法院（2013）民申字第538号]

甲网络开发公司与乙集团公司签订买卖合同，后双方因货款支付发生诉讼。甲网络开发公司认为，对已支付的货款开具增值税发票是乙集团公司的法定义务。乙集团公司未及时开具发票，致使甲网络开发公司无法正常进行财务报销和年度审计，并受到县审计部门的处罚，因此拒付剩余 44400.75 元是合理行使合同抗辩权。

法院认为，乙集团公司的合同义务是提供货物，作为先履行合同的一方，其已经按照合同约定及甲网络开发公司要求实际供货价值 4701631.05 元。开具发票虽然是卖方的法定义务但只是附随义务，是否开具发票不属于买方行使抗辩权的法定情形，甲网络开发公司以乙集团公司未开具发票为由不支付货款没有法律依据。

案例 37　物资存在质量问题，买方对卖方更换提供的物资应支付货款，不能从应付款中扣除——甲电力公司与乙电线电缆公司买卖合同纠纷 [甘肃省高级人民法院（2020）甘民再 71 号]

甲电力公司与乙电线电缆公司签订协议库存货物采购合同，乙电线电缆公司按照合同陆续向甲电力公司供应导线 686.219 千米。在施工过程中，甲电力公司发现该批导线存在质量问题，就此问题形成专题会议纪要并以书面形式告知乙电线电缆公司称“对 8 月 15 日前已到货的架空绝缘导线于 9 月 10 日前完成换货工作，产生的二次施工费用和抽检费用全部由贵公司承担；对尚未到货的架空绝缘导线全部采取退货处理，并在 9 月 10 日前协调税务部门完成开具退票（红字票）”；乙电线电缆公司向甲电力公司出具承诺函一份，写明“尊重会议精神，对会议精神提出的 8 月 15 日前供给贵公司的货物，无偿换货，并承担更换返工的相关费用，9 月 10 日前完成全部的换货工作”。后乙电线电缆公司起诉甲电力公司要求支付货款 2524722.9 元，甲电力公司主张乙电线电缆公司在承诺函中明确无偿换货，并承担更换返工的相关费用，故货款中应当扣除更换 8 月 15 日已供货的 103 千米导线货款 1304358.69 元。

法院认为，案涉导线发现质量问题后，双方协调并达成一致意见，乙电线电缆公司对所供货物出现质量问题知晓并认可而且进行更换，因存在质量问题而更换提供的103千米导线也属于乙电线电缆公司实际供应给甲电力公司的物资，甲电力公司不应扣除该103千米导线的相应货款。

法条索引

最高人民法院关于适用《中华人民共和国民法典》合同编通则若干问题的解释（法释〔2023〕13号）

第三十一条第一款　当事人互负债务，一方以对方没有履行非主要债务为由拒绝履行自己的主要债务的，人民法院不予支持。但是，对方不履行非主要债务致使不能实现合同目的或者当事人另有约定的除外。

保障中小企业款项支付条例（国务院令第728号）

第十三条　机关、事业单位和大型企业不得以法定代表人或者主要负责人变更，履行内部付款流程，或者在合同未作约定的情况下以等待竣工验收批复、决算审计等为由，拒绝或者迟延支付中小企业款项。

三、买方付款的其他风险及防范

实务指引

1. 合同约定买方完成相关手续办理（如在对账单、结算单上盖章确认，取得相关证件许可）后付款的，买方应在合理时间内及时完成办理，不得无正当理由拖延，否则构成不正当阻碍付款条件成就，即使相关手续尚未办理完毕，也应当付款。

2. 国有企业与其控股子公司，特别是100%持股的子公司应保持财务独立，避免出现无偿使用子公司资金或者财产、不作财务记载，用子公司的资金偿还自身债务，或者将子公司的资金供关联公司无偿使用、不作财务记载，母子公司账簿不分，致使两者财产无法区分，母公司自身收益与子公司盈利不加区分、致使双方利益不清，子公司的财产记载于母公司名下，由母公司占有、使用等情况。如被认定子公司财产没有独立于母公司，子公司签订的采购合同卖方可要求母公司就支付货款承担连带责任。

3. 为落实国家优化营商环境、促进中小企业发展的政策，国有企业应避免使用非现金方式支付货款；经事先明示、书面约定采取非现金支付的，开具的商业承兑汇票不得超过6个月，以免变相延长付款期限。

4. 进口物资需采取外币支付的，为规避付款时相关外币相对人民币升值导致使用人民币购汇付款的成本增加，买方可进行外汇衍生交易[1]，锁定购汇付款时的固定汇率，以规避汇率风险，但需遵守关于国有企业进行金融衍生交易的相关监管要求，严守套保原则，使用结构简单、流动性强、风险可认知的交易工具，持仓时间一般不得超过12个月或实货合同约定的时间，交易金额与付款资金需求一一对应。

---

[1] 如与银行签订与付款期限一致的远期售汇业务合约，约定到期时的远期售汇汇率，无论到期时市场汇率如何，企业均可按约定汇率购汇并支付货款；或买入与付款期限、付款金额一致的相应外币看涨期权，约定汇率执行价格，到期时如该外币兑人民币市场即期汇率高于期权约定的执行价格，企业可执行期权，按约定的执行价格购汇付款，如该外币兑人民币即期汇率低于期权约定的执行价格，企业可以不执行期权，按照更有利的市场汇率购汇付款。

5. 合同约定的付款条件已满足，但发现卖方存在经营状况严重恶化，转移财产、抽逃资金以逃避债务，丧失商业信誉或有丧失或者可能丧失履行债务能力的其他情形，且有确切证据证明的，买方可以暂停支付货款并及时通知卖方；如卖方提供了适当的担保，买方应当支付货款。

6. 在付款时要注意防范合同诈骗风险，严格审核卖方的经营和资信状况，除一定比例的预付款外，不得在未实际收到物资，也未确认物资已发运的情况下支付货款，出具收货单据或协助办理信用证赎单。负责合同履行的国有企业员工未尽到上述义务，导致企业被骗的，可能构成签订、履行合同失职被骗罪，被追究刑事责任。

以案释险

案例 38　买方不正当阻止付款条件成就的，视为付款条件已成就——甲能源管理公司与乙锅炉公司买卖合同纠纷 [新疆维吾尔自治区高级人民法院（2021）新民终 216 号]

甲能源管理公司和乙锅炉公司签订《余热锅炉及附属设备采购和安装合同》一份，约定甲能源管理公司购买 30 吨 / 时工业硅烟气余热锅炉 32 台套，同时签订了《安装技术协议补充说明》。之后，双方因货款支付发生诉讼，甲能源管理公司主张根据合同“安装运行款：全套设备（32 台锅炉）安装完毕，并取得技术监督局颁发的锅炉运行证后 168 小时内，买方向卖方支付合同总价的 10%安装运行款”的约定，由于尚未取得锅炉运行证，安装运行款的支付条件尚未成就。

法院认为，根据《特种设备安全法》规定，办理锅炉运行证是锅炉使用单位的法定义务，甲能源管理公司是锅炉运行证的办理责任主体，乙锅炉公司负有配合义务。乙锅炉公司已将相关技术资料移交甲能源管理公司，则其对锅炉运行证办理迟延不应承担责任。甲能源管理公司未及时对涉案锅炉办理运行证，违反了上述法律规定，又将该违法行为作为拖延不支付安装运行款的理由，根据《民法总则》第一百五十九条"附条件的民事法律行为，当事人为自己的利益不正当地阻止条件成就的，视为条件已成就；不正当地促成条件成就的，视为条件不成就"的规定，涉案32台锅炉经过168小时运行后验收合格，甲能源管理公司就应按合同约定支付安装运行款。

案例39　买方不能证明其具有独立支配控制财务的能力，以及证明其自身财产独立于其股东财产，构成财产混同，卖方有权要求买方股东对买方欠付货款承担连带清偿责任——甲工程局二公司与乙实业公司等买卖合同纠纷［辽宁省沈阳市中级人民法院（2023）辽01民终2485号］

甲工程局中标濮阳至湖北阳新高速公路宁陵至沈丘段PPP项目之后，将其中的部分工程分包给甲工程局二公司。2020年8月5日，乙实业公司（卖方）与甲工程局二公司（买方）签订《濮新高速宁沈段Ⅵ标项目经理部工程河砂买卖合同》，约定甲工程局二公司向乙实业公司采购河砂25000吨。之后，甲工程局二公司拖欠乙实业公司货款5776530.32元及履约保证金303687.5元未付，乙实业公司多次催要未果，遂提起诉讼，要求甲工程局二公司付款，并同时提出，根据《公司法》"一人有限责任公司应当在每一会计年度终了时编制财务会计报告，并经会计师事务所审计""一人有限责任公司的股东不能证明公司财产独立于股东自己的财产的，应当对公司债务承担连带责任"的规定，如果一人有限责任公司年度审计报告存在缺失公司重要被执行债务、缺失重大经营资金往来等情形，属

于审计失败，该等年度审计报告不能证明股东与一人有限公司财产相互独立，股东应就一人有限公司债务承担连带责任；最高人民法院多个判例也认定，股东提供审计报告拟证明与一人有限公司财产相互独立的，若审计报告内容不真实、不完整，存在重大失误的，属于审计失败，股东应就一人有限公司债务承担连带责任。甲工程局二公司是甲工程局为唯一股东的一人有限责任公司，其 2018 年至 2021 年四年的审计报告均存在众多数据造假（每年年末可用于随时清偿债务的银行存款数额达近亿元，但大量案件因没有财产可供执行而被终结本次执行程序、限制高消费、列入失信名单）、存在重大瑕疵（审计报告的审计对象财务报表未根据《会计法》规定由会计和会计主管人员签字）、存在重大且众多内容缺失（历年大量被执行标的金额巨大的执行案件未列入审计报告应载明的一年期以上应付账款），因此其审计报告不能证明甲工程局与甲工程局二公司财产相互独立，甲工程局应对拖欠货款承担连带清偿责任。

法院认为，乙实业公司提出的甲工程局二公司财务审计报告存在的问题，甲工程局及甲工程局二公司虽做出解释，但缺乏有效的证据支持其抗辩主张，不足以证明甲工程局二公司具有独立支配控制案涉款项的能力以及甲工程局二公司财产独立于甲工程局财产，故判令甲工程局对案涉货款债务承担连带责任。

案例 40　对卖方的经营、资信状况等未经严格审查，未收到货物即出具收货单据并付款，导致资金被卖方骗取，构成签订、履行合同失职被骗罪——石某签订、履行合同失职被骗案［广东省广州市中级人民法院（2016）粤 01 刑终 1673 号］

被告人石某任某燃料公司执行董事、总经理期间，在负责与多家企业洽谈合作煤炭买卖项目的过程中，对交易对手的经营、资信状况等未经严格审查，即签订煤炭买卖合同，在某燃料公司未实际收到煤炭、也未按合同约定派员监督煤炭交接的情况下，指令财务人员出具收货单据并协助办理信用证赎单，使大额货款转入相关企业，造成某燃料公司2000余万元款项流失，构成签订、履行合同失职被骗罪，被法院判处有期徒刑三年。

法条索引

公司法（主席令第15号）

第二十条 公司股东应当遵守法律、行政法规和公司章程，依法行使股东权利，不得滥用股东权利损害公司或者其他股东的利益；不得滥用公司法人独立地位和股东有限责任损害公司债权人的利益。

公司股东滥用股东权利给公司或者其他股东造成损失的，应当依法承担赔偿责任。

公司股东滥用公司法人独立地位和股东有限责任，逃避债务，严重损害公司债权人利益的，应当对公司债务承担连带责任。

第六十三条 一人有限责任公司的股东不能证明公司财产独立于股东自己的财产的，应当对公司债务承担连带责任。

（备注：2024年7月1日起施行的新《公司法》将上述两条修改如下：

第二十三条 公司股东滥用公司法人独立地位和股东有限责任，逃避债务，严重损害公司债权人利益的，应当对公司债务承担连带责任。

股东利用其控制的两个以上公司实施前款规定行为的，各公司应当对任一公司的债务承担连带责任。

只有一个股东的公司，股东不能证明公司财产独立于股东自己的财产的，应当对公司债务承担连带责任。）

民法典（主席令第 45 号）

第五百二十七条　应当先履行债务的当事人，有确切证据证明对方有下列情形之一的，可以中止履行：

（一）经营状况严重恶化；

（二）转移财产、抽逃资金，以逃避债务；

（三）丧失商业信誉；

（四）有丧失或者可能丧失履行债务能力的其他情形。当事人没有确切证据中止履行的，应当承担违约责任。

全国法院民商事审判工作会议纪要（法〔2019〕254 号）

10.【人格混同】认定公司人格与股东人格是否存在混同，最根本的判断标准是公司是否具有独立意思和独立财产，最主要的表现是公司的财产与股东的财产是否混同且无法区分。在认定是否构成人格混同时，应当综合考虑以下因素：

（1）股东无偿使用公司资金或者财产，不作财务记载的；

（2）股东用公司的资金偿还股东的债务，或者将公司的资金供关联公司无偿使用，不作财务记载的；

（3）公司账簿与股东账簿不分，致使公司财产与股东财产无法区分的；

（4）股东自身收益与公司盈利不加区分，致使双方利益不清的；

（5）公司的财产记载于股东名下，由股东占有、使用的；

（6）人格混同的其他情形。

关于中央企业助力中小企业纾困解难促进协同发展有关事项的通知（国资发财评〔2022〕40 号）

一、及时足额支付账款，助力缓解中小企业资金困难

4. 严格票据等非现金支付管理，现金流较为充裕的企业要优先

使用现金支付中小企业账款。未事先明示、书面约定非现金支付的，原则上不得使用非现金支付。开具的商业承兑汇票和供应链债务凭证期限原则上不得超过6个月。

关于切实加强金融衍生业务管理有关事项的通知（国资发财评规〔2020〕8号）

二、严守套保原则

开展金融衍生业务要严守套期保值原则，以降低实货风险敞口为目的，与实货的品种、规模、方向、期限相匹配，与企业资金实力、交易处理能力相适应，不得开展任何形式的投机交易。

（一）交易品种应当与主业经营密切相关，不得超越规定的经营范围。交易工具应当结构简单、流动性强、风险可认知。持仓时间一般不得超过12个月或实货合同规定的时间，不得盲目从事长期业务或展期。

……

第二节　买方其他注意事项

一、合同履行人员管理

实务指引

1. 如买方根据内部职责分工和管理要求，在合同中约定了负责物资接收、检验、验收、结算、付款等合同履行工作的具体人员，则应严格按照约定安排人员负责相关工作。如实际由其他不了解合

同情况或不具备相应能力的员工负责履行，导致发生验收通过质量不合格物资、确认不准确的结算单、在付款条件未满足时付款等不符合买方要求或有损买方利益的情况，由于实际履行人员也是买方员工，卖方可主张构成职务行为，买方不能否认上述不当履行行为的效力。

2. 买方指定非本单位人员负责合同签订履行的，应加强对其监督管理，确保其能够按照买方要求和标准进行物资验收、结算付款等工作，否则即使其履行合同的行为不符合买方要求或损害买方利益，买方也不能否认履行行为的效力。

3. 买方应针对在合同履行过程中对卖方发出的通知、说明等文件建立内部审核程序，避免作出放弃己方合法权利、接受对方不当履行、自认己方存在违约行为等不利于自身的表述。买方人员采取微信、QQ 等即时通讯工具与卖方人员就合同履行进行沟通的，相关聊天记录可以作为有效的证据，为防止相关人员在聊天过程中作出不符合买方要求、损害买方利益或超越自身权限的意思表示，应采取包括买方合同履行团队所有人员的群聊方式，使买方合同履行团队的负责人或领导能够及时了解低级别人员作出的意思表示，如有不妥可及时纠正，避免低级别人员擅自作出的不当意思表示未及时得到纠正并发生效力，使买方利益受到损害。

以案释险

案例 41　不是合同约定的买方签收人的买方其他员工签收货物的行为应视为职务行为，对买方发生效力——甲建筑施工公司与乙电缆公司买卖合同纠纷［上海市黄浦区人民法院（2022）沪 0101

民初 19358 号]

甲建筑施工公司（需方）与乙电缆公司（供方）签订电线电缆购销合同，其中约定“货到工地，按约定标准验收，并经需方现场代表沈某和项目代表蔡某 1 共同签收确认后，需方向供方开具《收料单》，作为需方收到供方货物的收货凭证，其他凭证概不作为需方收货证据”。后双方就交货发生诉讼。甲建筑施工公司认为，《收料单》等证据证明货物验收是由被告员工陈某、蔡某 1、蔡某 2 等人签字确认的，没有按照合同约定由沈某、蔡某 1 二人共同签收确认，不能作为其收货的依据。

法院认为，依据《民法典》第一百七十条规定，执行法人或者非法人组织工作任务的人员，就其职权范围内的事项，以法人或者非法人组织的名义实施的民事法律行为，对法人或者非法人组织发生效力。本案中在《客户回单》《客户收执》《收料单》上签收货物的虽然不是合同约定的人员，但也是甲建筑施工公司的员工，其签收行为应视为职务行为，对甲建筑施工公司发生效力，能够作为证明甲建筑施工公司已收货的证据。

案例 42　买方委托非本企业人员负责合同履行，嗣后不得以该人员不具有相应职权为由否认其验收、确认货款等履行行为的效力——甲酒店公司与乙装饰设计公司买卖合同纠纷 [上海市嘉定区人民法院（2023）沪 0114 民初 2362 号]

甲酒店公司向乙装饰设计公司采购软装饰品，合同约定付款方式为合同签订 5 个工作日内支付 30% 货款 189000 元作为定金，货到付款安装验收合格 5 个工作日内支付 60% 货款 378000 元，剩余 10% 货款 63000 元满 4 个月付清。合同记载买方联系人为黄某，合同落款处买方一栏由甲酒店公司盖章及黄某作为代表人签字。合同

履行过程中，乙装饰设计公司出具工程验收报告，验收单位处由项目经理赵某签字。后双方产生争议，乙装饰设计公司提出甲酒店公司拖欠货款，甲酒店公司主张合同落款处代表其签字的黄某及在工程验收报告上签字的赵某均为丙酒店管理公司人员，不是甲酒店公司员工，不具有验收、确认付款的职权，因此货物安装尚未验收合格，定金之外的货款的付款条件还不满足。

法院认为，甲酒店公司授权非本企业人员签订合同和作为合同的联系人，合同履行过程中由乙装饰设计公司与上述被授权人员进行接洽，故乙装饰设计公司有理由相信相关人员在工程验收报告及项目总清单上签字的行为系代理甲酒店公司履约，法律后果由甲酒店公司承担。甲酒店公司所称相关人员不具有验收和确认货款的职权，属于其内部人员管理的范畴，不能对抗乙装饰设计公司。甲酒店公司在其授权的人员签字确认工程验收报告后，理应按约付款，拖欠不付属于违约。

案例 43　在能够证明对话人有权代表合同双方的情况下，即时通讯软件聊天记录能够作为认定货款结算的依据——甲港湾工程公司与乙实业公司买卖合同纠纷［江西省高级人民法院（2020）赣民终 423 号］

2010 年 9 月 7 日，甲港湾工程公司沪昆客专项目部与乙实业公司签订《水泥供应协议书》，约定由乙实业公司向甲港湾工程公司施工的沪昆客专江西段站前工程 HKJX-6 标项目供应水泥。后双方就货款支付发生诉讼，乙实业公司提供了其工作人员（昵称“叶子”）通过 QQ 与甲港湾工程公司赵某（QQ 号码为 12× × ×89，昵称为“明月 · 秋”或“中国港湾赵某”）进行对账的聊天记录作为证据。甲港湾工程公司主张赵某是沪昆客专 6 标项目部普通工作人员而非财务负责人，就案涉买卖合同对账结算未获甲港湾工程公司授权，是其个人行为，QQ 软件聊天历史信息无法认定真实性，不应作为证据采信。

法院认为，经向深圳市腾讯计算机系统有限公司调查确认，QQ 号码为 12×××89 的账户主体确为赵某。赵某 2010 年 7 月起借调至沪昆客专 6 标段项目部一工区，作为案涉水泥采购合同中施工单位沪昆客专 6 标段一工区的联系人，任项目部物设部负责人，有权代表项目部与乙实业公司对账，无需任何授权。与赵某对账的“叶子”的 QQ 号码与乙实业公司电子邮箱显示的 QQ 号码完全一致，联系电话为 0791-852×××××，与乙实业公司提供的 QQ 软件聊天历史信息中“叶子”于 2016 年 7 月 14 日 10:02:37 发出的“0791-852×××××，这是办公室电话”中的电话号码也完全一致，表明与甲港湾工程公司赵某进行 QQ 对账的“叶子”代表乙实业公司。根据以上情况，代表乙实业公司的“叶子”与代表甲港湾工程公司的“明月 · 秋”之间的 QQ 聊天记录即为两公司的对账结果，真实性符合法律规定。乙实业公司以公证书的形式展示了提取 QQ 聊天记录的全过程及全部内容，聊天记录内容清晰、完整，证明乙实业公司提交的 QQ 聊天记录打印件与原件一致。根据《最高人民法院关于民事诉讼证据的若干规定》第十四条、第九十四条第二款规定，乙实业公司提交的 QQ 聊天记录属于电子数据证据，是原始的输出证据，能够作为认定双方水泥货款结算的依据。

二、物资的交付和接收

实务指引

1. 卖方将物资运送至合同约定的交付地点或交承运人后，或购买已交付承运人的在途物资的合同成立后，物资毁损、灭失的风险即转移至买方。因此买方应及时办理物资的接收，并采取相应的风险防范措施，如卖方购买的保险期限仅到交付之时，还应及时购买保险。买方不得违反合同约定，采取不正当手段阻碍按合同约定期限交付，否则自违反合同约定行为发生之时起就要承担物资毁损、灭失的风险，还要承担因未及时完成交付导致卖方增加的费用。

2. 卖方通知买方物资已交付，但买方认为卖方尚未完全履行交付义务的，应积极与卖方联系并督促其完成交付，对卖方告知的风险也应采取防范措施，而不能自以为卖方尚未交付并怠于采取相应措施，否则即使尚未完成交付，买方也要承担相应责任和风险。

3. 合同约定的交付期限是指完成交付的期限，而非开始交付的期限，买方应督促卖方在约定期限内完成合同约定的全部物资或该批应交付的全部物资交货，否则可以要求卖方承担逾期交货责任。买方在确认卖方是否交付物资时，应核实卖方是否在约定期限内将物资交付至约定地点、买方是否办理接收、双方是否签署了相关交接文件等具体情况，不能仅以卖方开具的增值税专用发票、出具的供货明细单或提供了税款抵扣资料直接认定其已履行交付义务。

4. 卖方如多交付物资，买方可以接收或者拒绝接收多交的部分。如接收，应按照约定的价格支付货款；如拒绝接收，也应当及时通知卖方。买方在卖方取回多交物资之前，应按照诚实信用原则进行保管，并可要求卖方承担为保管支出的合理费用。买方保管时如存在故意或重大过失，导致多交付物资发生毁损、灭失，卖方可要求买方承担赔偿责任。

5. 卖方应同时交付合同约定的单证和技术资料。买方如认为卖方未交付重要的单证或技术资料，应拒绝收货，不应将物资验收通过或投入使用。如验收通过或投入使用，则表明未交付的单证或技术资料不影响买方使用物资这一合同目的的实现，买方不能再以单证或技术资料未交付为由拒绝付款。

6. 如买方自行委托承运人运输物资，应向承运人准确表明收货人的姓名、名称或者凭指示的收货人，物资的名称、性质、重量、数量，收货地点等有关物资运输的必要情况，办理必要的审批、检验手续并将文件交付承运人。如物资是易燃、易爆、有毒、有腐蚀性、有放射性等危险物品或大件设备，应委托具有危险货物运输、大件运输资质的承运人进行运输。

以案释险

案例44　因买方原因导致标的物未按合同约定期限交付，买方自违反约定之时起承担标的物毁损、灭失的风险——甲船舶工程公司与乙汽车公司买卖合同纠纷[广东省湛江市中级人民法院(2017)粤08民终144号]

2015年11月13日，甲船舶工程公司、乙汽车公司达成买卖车辆的协议，约定甲船舶工程公司向乙汽车公司购买南京依维柯汽车一辆，车价为12.8万元，甲船舶工程公司付款后乙汽车公司在十天内交付汽车。当日，甲船舶工程公司通过银行转账的方式向乙汽车公司支付了购车款12.8万元。2015年11月21日，南京赛福特汽车服务有限公司给乙汽车公司发来一辆南京依维柯

NJ6484型汽车。2016年8月12日，甲船舶工程公司授权的律师向乙汽车公司邮寄了一份《律师函》，称乙汽车公司至今没有交付车辆，要求退款，协商不成后甲船舶工程公司提起诉讼。乙汽车公司提出反诉，请求判令甲船舶工程公司支付乙汽车公司停车保管服务费24700元。

法院认为，根据乙汽车公司提供的该公司销售经理符海东的通话清单，证明乙汽车公司在收到车辆后通知甲船舶工程公司提车。乙汽车公司是一家从事车辆销售的公司，在已收到全部购车款，获得利润的目的已经实现，且已收到厂家发来的车辆的情况下，若不通知甲船舶工程公司提车，不但会导致承担违约责任的风险，还会导致支出保管车辆的成本，且若乙汽车公司一直未通知甲船舶工程公司提车，甲船舶工程公司不可能从提车期限届满到给乙汽车公司发出《律师函》间隔九个多月的时间里一直不提出任何异议。根据逻辑推理和日常生活经验，综合以上情况，可以认定乙汽车公司已履行了通知甲船舶工程公司提车的义务。甲船舶工程公司由于自身原因未提车，导致车辆未按合同约定交付，自乙汽车公司通知其提车之日起承担车辆毁损、灭失的风险，应当向乙汽车公司支付保管费。

案例45　买方收到卖方提货通知后未及时提货并购买保险，对货物毁损、灭失的损失应承担相应责任——甲纺织公司与乙科贸公司买卖合同纠纷［最高人民法院（2013）民提字第138号］

2010年3月19日，甲纺织公司（买方）、乙科贸公司（卖方）签订《棉花销售合同》。2010年3月24日，乙科贸公司通过传真将《货权转移证明》发送给甲纺织公司，告知“已将20箱棉花的货权转移给甲纺织公司，请直接与仓库联系提货事宜”；2010年3月31

日，乙科贸公司通过传真向甲纺织公司发出温馨提示，告知该20箱棉花已于3月23日通关完成，甲纺织公司尚未提货出库，乙科贸公司对该批货物的仓储保险有效期至2010年4月1日零时终止，提示甲纺织公司如在此期间没有安排提货出库等事宜，请及时安排对此单货物的仓储保险事宜。2010年4月22日，存放该批棉花的仓库发生火灾，部分货物被烧毁，甲纺织公司仅提取5箱棉花。2011年9月19日，甲纺织公司起诉乙科贸公司，请求判令乙科贸公司继续履行合同，交付棉花15箱并支付违约金，若不能履行则请求解除合同，乙科贸公司返还货款并赔偿经济损失。

法院认为，《货权转移证明》既非出库单也非提货单，乙科贸公司关于甲纺织公司持有《货权转移证明》传真件即可提取货物的主张既不符合法律规定也不符合根据乙科贸公司与仓储保管人的合同约定，因此乙科贸公司仅交付《货权转移证明》，没有完成办理交付货权所需的全部手续，应承担违约责任，但甲纺织公司也有一定过错：收到《货物转移证明》后，即使其主观认为《货物转移证明》并不是全部的货物转移手续，也应当及时与乙科贸公司沟通反馈，积极完善货物提取手续，从而尽快提取货物。但甲纺织公司未能提供确实充分的证据证明其在合理的期限内进行了上述行为，进而导致该批货物在长达近一个月的时间内没有及时提取，客观上加大了合同履行的风险；虽然乙科贸公司和甲纺织公司在《棉花销售合同》中对货物保险事宜未作明确约定，但双方对于棉花的易燃属性导致的货物火灾风险是明知的，均有合理的注意义务。甲纺织公司收到乙科贸公司关于仓储保险的提示后，即使不同意由己方办理保险，也应当及时反馈乙科贸公司，避免货物失去保险保障，但其既没有办理保险，也未将拒绝办理保险事宜的意思表示及时告知乙科贸公司，客观上造成货物自2010年4月1日起处于没有保险保障的风险之中，最终导致其中的15箱棉花在火灾中全部灭失且没有获得相应的保险赔偿。因此，甲纺织公司应当与乙科贸公司共同承担本案货物损失。

案例46 合同约定在某期限内交货，应理解为在该期限内完成交货而非开始交货——甲光源科技公司与乙信息工程公司买卖合同纠纷［吉林省高级人民法院（2019）吉民再335号］

2017年4月，甲光源科技公司（买方）与乙信息工程公司（卖方）签订柳河县康乐6兆瓦光伏扶贫发电项目采购合同，约定交货时间为“卖方收到买方预付款后40日内”。甲光源科技公司于2017年4月26日支付预付款85万元、于2018年2月13日支付货款10万元。乙信息工程公司收到设备预付款后，自2017年6月18日开始陆续向甲光源科技公司交付采购合同约定的设备，但未能全面按照合同约定履行安装、调试等义务，致使甲光源科技公司另聘他人进行安装、调试工作。甲光源科技公司向法院起诉，要求乙信息工程公司支付迟延交货违约金，迟延期限从2017年6月6日至2017年6月17日，计12天；乙信息工程公司认为其提交的证据能够证明到货的最早时间为2017年6月8日，迟延期限应当按照6月5日至6月7日计算。

法院认为，按照合同约定乙信息工程公司应当于6月5日交货，而乙信息工程公司提供的9张货物签收单显示其最早于6月8日发货，但没有记载何时将货送至甲光源科技公司，最晚于7月21日发货亦没有记载何时将货送至甲光源科技公司。乙信息工程公司虽然主张双方均在省内，发货后最多两天就能送到，但其提交的有发货时间和送货时间的货物签收单显示发货之日后2天、7天送货，故乙信息工程公司提供的证据不足以证明发货后两天即能送货，乙信息工程公司主张其最早交货日期是2017年6月8日没有依据。况且，采购合同约定乙信息工程公司收到甲光源科技公司预付款后40日内交货，应当理解为收到预付款后40日内交货完毕，而不是收到预付款后40日开始交货。乙信息工程公司在合同约定交货期限届满之后才陆续发货，至货物全部交付已较合同约定时间逾期40余天，甲光源科技公司主张按照12天计算违约金并无不当。

案例47　增值税专用发票不能单独作为卖方已履行交付义务的证据——甲铁路物资公司与乙金属制品公司、丙钢铁公司买卖合同纠纷[北京市第二中级人民法院（2016）京02民终字第2994号]

甲铁路物资公司与乙金属制品公司于2012年3月1日签订购销框架协议，约定甲铁路物资公司向乙金属制品公司购买钢材，发生业务以具体购销合同为准，丙钢铁公司为乙金属制品公司履行合同向甲铁路物资公司提供连带保证担保。2012年3月8日，甲铁路物资公司与乙金属制品公司签订框架协议项下《工矿产品采购合同》，主要约定采购10000吨高线钢材及总价款、交付方式等条款。合同履行过程中，甲铁路物资公司认为乙金属制品公司拖欠价值为8413242.8元的货物应发未发，依约应承担未发货值15%的违约金计1261986.42元，两项共计9675229.22元，丙钢铁公司应对上述债务承担连带保证责任。乙金属制品公司认为甲铁路物资公司没有直接证据证明其没有履行交货义务，乙金属制品公司开具增值税发票、出具货物明细单的行为证明了其已履行了交货义务。

法院认为，乙金属制品公司提交货物明细清单、增值税发票以证明其履行了交付货物的义务，但货物明细单系其单方出具，没有

得到收货人甲铁路物资公司的确认，而增值税发票主要是税务机关计算税金和抵扣税款的凭证，不能单独作为乙金属制品公司已经履行全部交货义务的依据，故乙金属制品公司提交的现有证据不足以证明其履行了全部交货义务。

案例 48　卖方未交付技术资料，买方仍将物资验收通过并投入使用，表明技术资料未交付不影响合同目的的实现，买方不能以此为由拒绝履行付款义务——甲建筑安装公司与乙汽轮机公司买卖合同纠纷［最高人民法院（2019）最高法民终 185 号］

2011 年 8 月，甲建筑安装公司与乙汽轮机公司签订了《买卖合同》，约定：甲建筑安装公司向乙汽轮机公司购买 33 套 FD82B 低温型风力发电机组（1.5 兆瓦及以上单机容量），后双方就货款支付发生诉讼。甲建筑安装公司提出乙汽轮机公司未交付风机的技术资料，不满足付款条件。

法院认为，交付技术材料是卖方负有的从给付义务，卖方违反该从给付义务，买方可以主张相应的违约责任，但除非卖方违反该从给付义务导致买方对所买货物无法正常使用，影响合同目的的实现，否则买方不能基于从给付义务的不履行而拒绝履行给付货款的主给付义务。案涉 33 台风机交货时已经进行了验货，其后完成了预验收，货物早已交付业主并投入使用，至双方货款讼争产生时已长达 4 年多，甲建筑安装公司未提供证据证明其或业主曾经对乙汽轮机公司未交付风机的技术资料提出过异议，风机亦未出现因缺少技术资料而无法运行或者其他不能实现合同目的的情况。故即使乙汽轮机公司确未交付风机的技术资料，甲建筑安装公司也不能仅凭此理由而拒付货款。

法条索引

民法典（主席令第45号）

第六百零四条 标的物毁损、灭失的风险，在标的物交付之前由出卖人承担，交付之后由买受人承担，但是法律另有规定或者当事人另有约定的除外。

第六百零五条 因买受人的原因致使标的物未按照约定的期限交付的，买受人应当自违反约定时起承担标的物毁损、灭失的风险。

第六百二十九条 出卖人多交标的物的，买受人可以接收或者拒绝接收多交的部分。买受人接收多交部分的，按照约定的价格支付价款；买受人拒绝接收多交部分的，应当及时通知出卖人。

第八百二十五条第一款 托运人办理货物运输，应当向承运人准确表明收货人的姓名、名称或者凭指示的收货人，货物的名称、性质、重量、数量，收货地点等有关货物运输的必要情况。

最高人民法院关于审理买卖合同纠纷案件适用法律问题的解释（法释〔2020〕17号）

第五条第一款 出卖人仅以增值税专用发票及税款抵扣资料证明其已履行交付标的物义务，买受人不认可的，出卖人应当提供其他证据证明交付标的物的事实。

超限运输车辆行驶公路管理规定（交通运输部令2021年第12号）

第七条 大件运输的托运人应当委托具有大型物件运输经营资质的道路运输经营者承运，并在运单上如实填写托运货物的名称、规格、重量等相关信息。

**危险货物道路运输安全管理办法（交通运输部、工业和信息化

部、公安部、生态环境部、应急管理部、国家市场监督管理总局令 2019 年第 29 号）

第九条 危险货物托运人应当委托具有相应危险货物道路运输资质的企业承运危险货物、托运民用爆炸物品、烟花爆竹的，应当委托具有第一类爆炸品或者第一类爆炸品中相应项别运输资质的企业承运。

三、物资的检验和验收

实务指引

1. 卖方交付物资后，买方应及时进行检验和验收，如有异议在约定期限内提出。检验和验收应当按照合同约定的条件、标准和程序，在合同约定的双方相关人员参与的情况下进行，检验或验收相关单据和结论文件应由双方人员签字。如卖方对检验或验收结论有异议、拒绝在相关单据和结论文件上签字的，买方也应如实记录该情况并由双方签字确认，做好后续争议解决的证据留存。

2. 买方经检验认为物资不符合合同约定标准、但卖方不同意的，双方应共同封存物资并送专业机构检验，买方如单方封存送检，卖方可能主张买方封存、送检的物资不是由其交付，否认物资不符合标准；买方经检验认为物资不合格、没有使用的，也不能因不合格物资占用场地、需支出保管费等原因而单方面予以销毁，否则不能向卖方返还原物，双方如发生争议、需查明卖方所供物资是否确实不合格时，也没有样品可供检测确认。

以案释险

案例49　质量检验未按照合同约定的条件进行，检验报告不能作为判断货物是否合格的依据——甲能源管理公司与乙锅炉公司买卖合同纠纷［新疆维吾尔自治区高级人民法院（2021）新民终216号］

甲能源管理公司和乙锅炉公司签订了《余热锅炉及附属设备采购和安装合同》一份，约定甲能源管理公司购买30吨/时工业硅烟气余热锅炉32台套，同时签订了《安装技术协议补充说明》。后甲能源管理公司认为锅炉存在质量缺陷，要求乙锅炉公司承担修理、更换并赔偿损失等质量责任，引发诉讼。

法院认为，甲能源管理公司认为锅炉存在质量缺陷的依据是委托华东电力试验研究院抽检32台锅炉中的6台进行的余热利用率试验，试验结论为所测6台锅炉的余热利用率、锅炉烟气总压力均不符合技术协议要求。但试验报告内容及质证过程中工程师的陈述表明试验时的工况条件与技术协议约定的运行条件并不相符，应由甲能源管理公司自行加装的配套设备也未安装，试验报告仅能表明在试验当时条件下锅炉运行的实际状况，并未得出锅炉存在质量缺陷的结论，且乙锅炉公司提供的证据能够证明双方当事人已对案涉32台锅炉从设备、资料到性能进行了全面验收，确认合格，甲能源管理公司已全部接收并从2018年5月起实际使用至今，因此未支持甲能源管理公司的主张。

案例50　买方单方封存其认为存在质量问题的物资，对封存物资的检测报告不能作为认定卖方所供物资是否存在质量问题的充分证据——甲路桥公司与乙交通物资公司买卖合同纠纷［最高人民

法院（2020）最高法民终 969 号］

2010 年 9 月 15 日，甲路桥公司天水过境段建设项目部与乙交通物资公司签订《合同协议书》，约定乙交通物资公司根据工程量清单所列的预计数量和价格供应沥青。在施工完成后，天水过境段项目部认为新铺筑的路面存在质量问题，更换了沥青供应商及品牌，对该路段面层进行了重新铺筑，中止了与乙交通物资公司的货款结算，并于 2012 年 12 月至 2013 年 1 月间，陆续对认为质量不合格的多桶沥青自行封存。后双方发生诉讼纠纷，甲路桥公司以案涉沥青质量存在问题为由，要求乙交通物资公司返还货款、赔偿损失。

法院认为，甲路桥公司未通知乙交通物资公司共同封存其认为有问题的沥青，而是自行封存，其提供的甘肃省交通工程质量安全监督管理局出具的检测报告未反映出作为检材的沥青系乙交通物资公司所供，提供的某养护科技有限责任公司的检测报告的检测样本含有杂质，是否保持原有性能也不能确定，不能证明所封存沥青系乙交通物资公司所供；甲路桥公司封存的沥青部分已进行混拌，难以再通过鉴定证明系沥青质量问题。因此甲路桥公司没有充分证据证明乙交通物资公司向其供应的沥青质量不合格，对其请求乙交通物资公司返还已支付的不合格沥青货款并赔偿损失的诉讼请求未予支持。

案例 51　买方单方销毁其认为存在质量问题的物资，导致无法退货和进行质量检验，无权要求返还货款及相关费用——甲建设公司与乙水泥厂等买卖合同纠纷［广东省高级人民法院（2020）粤民再 269 号］

甲建设公司为完成翁源龙翔大道公路工程项目，与乙水泥厂签订公路排水水泥混凝土管供货协议。施工过程中甲建设公司发现已铺设的排水管出现破裂，认为混凝土管存在质量问题，多次与乙水泥厂沟通已使用混凝土管和未使用混凝土管的处理问题，但双方无法达成一致处理意见，引发诉讼。庭审中甲建设公司提出，由于乙水泥厂拒绝运走涉案混凝土管，长期占用施工场地，经通知后甲建设公司自行将未使用的98节混凝土管作销毁处理，诉请乙水泥厂返还已支付的货款150000元及支付场地占用费、转运管材费49300元。

法院认为，甲建设公司单方销毁剩余混凝土管，导致无法返还原物给乙水泥厂，亦无样品可供检测验明混凝土管存在的确切质量问题，存在一定过错，故对甲建设公司上述诉请不予支持。

法条索引

民法典（主席令第45号）

第六百二十条 买受人收到标的物时应当在约定的检验期限内检验。没有约定检验期限的，应当及时检验。

第六百二十一条第一款 当事人约定检验期限的，买受人应当在检验期限内将标的物的数量或者质量不符合约定的情形通知出卖人。买受人怠于通知的，视为标的物的数量或者质量符合约定。

四、合同的协商变更和解除

实务指引

1. 双方在合同履行过程中需要变更合同约定的，应在经协商达成一致后签订关于合同变更的书面文件（如补充协议、会议纪要等），明确变更事项，在未签订书面变更文件前不得先行按照双方

商定的变更履行，避免后续发生争议。

2. 通过招标采购方式签订的合同，不得变更合同的标的、价款、交货期限、质量要求等实质性条款，避免构成“招小送大”“低价中标后通过合同变更调高价格”等涉嫌利益输送的违规行为。

3. 合同成立生效后，买方因自身原因不能完全履行合同的，应积极与卖方协商合同变更，尽量争取继续履行合同，避免因解除合同对卖方因此受到的损失承担赔偿责任。确需解除合同的，应协助卖方减轻损失，如协助卖方转卖已采购的原料、已生产尚未交付的物资，以减少需赔偿的卖方损失金额。

4. 合同履行过程中，卖方可能以原材料价格大幅上涨构成当事人在订立合同时无法预见的、不属于商业风险的重大变化，即所谓“情势变更”为由，要求提高合同价格或解除合同，以免按原约定价格履行可能导致的利润减少或亏损。如合同中没有约定价格与原材料的联动机制，则买方一般不应同意该要求，避免卖方将其自身原材料采购价格波动的商业风险转嫁给买方，使买方支付更高价款或无法按计划获得所需物资，导致经济损失和审计风险。如卖方向法院或仲裁机构请求提高合同价格或解除合同，买方可主张原材料价格大幅上涨不是由于签订合同时常人无法合理预见的政策调整或者市场供求关系异常变动所致，或相关原材料是市场属性活跃、长期以来价格波动较大的大宗商品，依法不适用“情势变更”规则，以反驳卖方的请求。

案例 52 违规变更合同的审计风险

审计署在中央部门单位 2021 年度预算执行等情况审计结果的

公告中，通报某部委下属企业“违规变更采购及运输合同，导致采购成本增加1111.3万元”的问题，某部委下属单位“签订补充协议，违规超原合同采购金额10%，增加采购金额131.34万元”问题。

案例53　未签订书面补充协议，主张合同已变更未得到法院支持——甲创新科技公司与乙网络技术公司买卖合同纠纷［北京市第一中级人民法院（2023）京01民终3043号］

2021年4月7日，甲创新科技公司与乙网络技术公司签订《采购合同》，约定乙网络技术公司为甲创新科技公司供应各型交换机等8项货物，用于新建铁路某线四电工程建设，合同协议书第8条载明“对合同有其他任何修改和补充，应签订补充协议。补充协议应为书面形式，且需经双方代表签字和加盖合同专用章，其构成合同文件的一部分，与本合同具有同等的法律效力”。乙网络技术公司实际供货的1、3项交换机型号与合同约定不一致，实际交付的交换机与合同约定的交换机存在巨大价格差距。乙网络技术公司主张其系根据甲创新科技公司的要求，对货物明细中第1项、第3项交换机型号予以变更，且甲创新科技公司已签收相关货物，故应按照合同原价支付货款；甲创新科技公司主张双方未就上述交换机型号变更达成一致意见，乙网络技术公司系擅自变更买卖合同约定的交换机型号，应当按照综合报价单载明的实际交付型号单价予以结算。双方诉至法院，乙网络技术公司提供了与甲创新科技公司项目经理唐某的微信聊天记录截屏，证明乙网络技术公司在2021年6月11日就交换机设备变更通知甲创新科技公司，唐某明确回复“好的”，已经明确表示同意设备变更；还提供了某交换机技术支持群聊天记录，证明从案涉标的物运抵至施工现场到甲创新科技公司

支付到货款期间，甲创新科技公司在明知案涉标的物型号已经变更情形下，本有充足时间向乙网络技术公司提出异议，但其不仅没有就案涉标的物型号变更事宜与乙网络技术公司进行沟通，反而让乙网络技术公司配合设备安装调试，并支付到货款，足以说明双方就案涉标的物型号变更达成一致。

法院认为，对于乙网络技术公司提交的其与甲创新科技公司项目经理唐某微信聊天记录内容，唐某回复的“好的”仅可以得出其知道该批货物已经发货，无法得出唐某同意交换机型号变更的结论，且查阅整个聊天记录，并无唐某明确作出同意变更案涉部分交换机型号及按照涉案合同约定的价格计算的意思表示的内容；乙网络技术公司提交的某交换机技术支持群聊天记录，可以反映出乙网络技术公司交付的标的物已经正常运行使用的事实，但并不能以此反推得出双方已就《采购合同》所约定的部分交换机型号变更达成一致意见的结论。《采购合同》明确约定对合同有其他任何修改和补充，应签订书面的补充协议，并经双方代表签字和加盖合同专用章，本案中，双方并未签订有关变更部分交换机型号内容的书面补充协议，乙网络技术公司提交的证据亦不足以证明双方就合同变更达成合意，故法院对乙网络技术公司主张不予支持。

案例 54　因买方原因导致合同不能继续履行，买方对卖方为履行交货义务已向他人采购的相关物资应承担付款责任，卖方为减少损失支出的合理费用也应由买方承担——甲电建公司与乙电力科技公司买卖合同纠纷［最高人民法院（2022）最高法民终 124 号］

2017 年 8 月 25 日，甲电建公司（买方）与乙电力科技公司（卖方）签订了《物资采购合同》，约定由乙电力科技公司供应设备，用于甲电建公司承包的望都英源光伏科技有限公司光伏发电项

目。乙电力科技公司为履行合同，向特变电工西安公司采购规格为TC1250KS的光伏并网逆变器16台，向无锡变压器公司采购20兆瓦箱式变压器16台。2018年8月16日，甲电建公司向乙电力科技公司发函称：鉴于望都光伏项目因故不能实施，双方《物资采购合同》无法继续履行，对于贵司未交货部分，包括光伏组件、支架、汇流箱、变压器、逆变器、成卷的电缆等货物，均属于通用设备和器材，请贵司及时、自行处理未交货物，以减少损失，并防止损失的扩大。此时上述16台逆变器中4台已经交付指定现场，12台存放于乙电力科技公司厂房内，乙电力科技公司已支付全部货款；无锡变压器公司已经完成16台箱式变压器的生产，存放于无锡变压器公司院内。乙电力科技公司提起诉讼，要求甲电建公司支付12台逆变器的货款及逾期付款违约金，并承担乙电力科技公司因涉案合同不能履行而与无锡变压器公司解除合同，赔偿无锡变压器公司的132.74万元损失。

法院认为，甲电建公司因其所属集团内部管理要求不能继续承包涉案项目，因此采购合同不能继续履行是由于甲电建公司的原因。乙电力科技公司为了履行《物资采购合同》向特变电工西安公司采购了16台定制箱式逆变器，其中4台已经交付给甲电建公司，剩余12台逆变器于甲电建公司发出合同不能履行的通知之前已经完成采购，因其非通用设备的特性，难以通过变卖、转让等方式处理。因此，上述12台逆变器虽尚未向甲电建公司实际交付，但基于乙电力科技公司已承担了预先向出卖人支付相应12台设备款的事实，甲电建公司应就该12台逆变器向乙电力科技公司支付相应的货款及逾期付款违约金。乙电力科技公司为履行《物资采购合同》向无锡变压器公司购买的16台定制箱式变压器亦为前述光伏发电项目的专用设备，在甲电建公司明确告知乙电力科技公司自行

处理未移交货物以减少损失的情况下，乙电力科技公司为减少损失与无锡变压器公司解除合同，并就此支出 132.74 万元的费用，属于为防止损失扩大支出的合理费用，可以视为合同不能履行给乙电力科技公司造成的损失，应由甲电建公司承担。

案例 55　卖方不能以原材料价格上涨、构成情势变更为由解除合同——甲幕墙工程公司与乙工程玻璃公司买卖合同纠纷［上海市松江区人民法院（2021）沪 0117 民初 18287 号］

2020 年 4 月 27 日，甲幕墙工程公司（甲方、买受人）与乙工程玻璃公司（乙方、出卖人）签订《玻璃买卖合同》，约定合同单价为固定合同单价，乙方已综合考虑了全部风险因素，合同单价不再作调整。甲幕墙工程公司于 2020 年 12 月 24 日依约支付预付款 100 万元，2021 年 2 月 23 日起开始下单，截至 2021 年 9 月 30 日已经下单的玻璃总面积为 41461.30 平方米，但乙工程玻璃公司仅供货 9027.03 平方米。甲幕墙工程公司多次向乙工程玻璃公司发函，要求其按照合同约定的时间供货，并告知其违约行为已经导致工期严重延误，但乙工程玻璃公司以要求将玻璃单价涨至 214 元为由拒绝供应，导致无法实现合同目的，甲幕墙工程公司迫于无奈于 2021 年 10 月 21 日发函解除合同，并提起诉讼，要求乙工程玻璃公司支付违约金。乙工程玻璃公司同意解除合同，但认为解除理由是甲幕墙工程公司下单后，相关行业协会涉嫌价格垄断，玻璃原材料价格持续上涨，发生在订立合同时无法预见到的变化，构成情势变更，继续履行合同对乙工程玻璃公司不公平，也不同意支付违约金。

法院认为，根据《民法典》的规定，情势变更应满足以下构成要件：合同成立后合同基础条件发生的重大变化，该重大变化系当事人在订立合同时无法预见且不属于商业风险，继续履行合同对于当事人一方明显不公平。涉案《玻璃买卖合同》签订至今，主要原材料浮法玻璃价格大幅上涨确属事实，但乙工程玻璃公司作为专业从事建筑玻璃生产、销售的企业，对玻璃原材料市场价格应有充分的认识和敏感度，对价格波动应具有预见能力；涉案合同明确约定“单价为固定合同单价、已考虑全部风险因素、合同单价不再作调整”，说明乙工程玻璃公司在缔约时即已综合考虑各种风险才与甲幕墙工程公司确定了固定的玻璃单价，其中当然包括原材料价格上涨的风险，即使考虑国内新型冠状病毒疫情对原材料市场价格的影响，本合同签订时疫情已有两月多，双方在缔约时对疫情因素也应有所考虑；从原材料交易本身来看，该种市场交易带有一定程度的投机特点，价格波动更多属于市场自有的商业风险，而不能轻易纳入情势变更范畴；乙工程玻璃公司抗辩所称的相关行业协会涉嫌垄断的行为并无相应处罚文件证明，在其被立案调查之后原材料价格仍然呈现长时间的上扬状态，可见原材料价格上涨更多是市场行为。综上，合同履行过程中玻璃原材料价格上涨不构成情势变更，乙工程玻璃公司以此为由要求解除合同没有依据。

法条索引

民法典（主席令第45号）

第五百三十三条第一款　合同成立后，合同的基础条件发生了当事人在订立合同时无法预见的、不属于商业风险的重大变化，继续履行合同对于当事人一方明显不公平的，受不利影响的当事人可以与对方重新协商；在合理期限内协商不成的，当事人可以请求人民法院或者仲裁机构变更或者解除合同。

最高人民法院关于适用《中华人民共和国民法典》合同编通则

若干问题的解释（法释〔2023〕13号）

第三十二条第一款 合同成立后，因政策调整或者市场供求关系异常变动等原因导致价格发生当事人在订立合同时无法预见的、不属于商业风险的涨跌，继续履行合同对于当事人一方明显不公平的，人民法院应当认定合同的基础条件发生了民法典第五百三十三条第一款规定的"重大变化"。但是，合同涉及市场属性活跃、长期以来价格波动较大的大宗商品以及股票、期货等风险投资型金融产品的除外。

五、框架协议采购合同的履行

实务指引

1. 对于技术、服务等标准明确、统一，需要多次重复采购的物资，可以通过招标采购等程序确定一家或多家入围供应商，与其签订框架协议采购合同，确定物资单价或定价规则、协议期限、付款方式、服务承诺等内容，协议期限内发生实际需求时通过另行签订具体合同或发出订单方式实施采购。买方应根据招标采购文件或框架协议采购合同约定的规则，确定协议期内每次供货的供应商；在与供应商签订具体合同或发出订单时，应注意其条款、内容与框架协议采购合同保持一致。如存在差异，卖方可要求按照具体合同或订单履行，导致买方无法享有和行使框架协议采购合同约定的权利；如实际履行的具体合同条款、订单内容与通过招标采购程序签订的框架协议采购合同不一致，还存在擅自变更采购结果的违规风险。

2. 框架协议采购合同一般具有较长的协议期，涉及多批次的供货和较多的合同履行人员。买方应加强合同履行管控，确保基于具体合同或订单的每批供货都按照框架协议采购合同的约定进行。如因合同履行人员违规或疏忽，针对具体合同或订单项下的供货接受了卖方不符合框架协议采购合同约定的履行，买方不能再主张卖方履行不符合约定并要求承担违约责任。

3. 框架协议采购合同协议期内，基于不同的具体合同或订单发生多批物资交付，买方应针对每批物资的交付做好接收、检验、验收和发票审核入账工作，并妥善留存相关的记录、证据等材料，避免发生不同批次物资交付混淆、无法确认特定批次物资是否按约定交货等可能引发争议纠纷的情况。

以案释险

案例 56　在框架协议采购模式下签订的具体合同约定与框架采购协议不一致的，应按照具体合同履行——甲建筑工程公司与乙贸易公司买卖合同纠纷 [天津市高级人民法院（2013）津高民二终字第 20 号]

甲建筑工程公司与乙贸易公司于 2010 年 5 月 27 日签订《钢材供货框架协议》，约定甲建筑工程公司向乙贸易公司采购承建天津地区工程项目所需的钢材，2010 年采购总量约五万吨，其中付款结算方式第三款约定：“双方当月业务每月 25 日核算一次，次月 20 日前付清货款，如甲建筑工程公司逾期付款，则甲建筑工程公司自逾期日起每吨每天加壹元补贴给乙贸易公司，时间不得超过两个月，若逾期超过两个月则甲建筑工程公司自逾期日起每吨每天

加壹元伍角补贴给乙贸易公司，逾期超过四个月，则甲建筑工程公司自逾期日起每吨每天加贰元补贴给乙贸易公司（按实际欠款天数计算），最长时间不得超过六个月，逾期超过六个月，则甲建筑工程公司从逾期日起每吨每天加伍元补贴给乙贸易公司，直至付清欠款为止”；2011 年 5 月 19 日，双方又签订《钢材供货框架协议书》，第四条第三款约定“双方当月业务每月 25 日核算一次，次月 20 日前付清货款，如买方逾期付款，则买方自逾期日起每天按所欠货款的万分之三点五计息，时间不得超过两个月，若逾期超过两个月则甲方自逾期日起每天按万分之四计息，逾期超过四个月，则甲方自逾期日起每天按万分之四点五计息，直至付清欠款为止，采取清前欠后的方法滚动”。双方在合同履行期间先后订立 192 份《钢筋购销合同》，均约定结算方式为“结合工程建设方付款情况（发货后一月内付清全款欠款滚动）”。后乙贸易公司认为甲建筑工程公司拖欠货款，诉至法院。

法院认为，本案双方签订两份框架协议后，在履行过程中又签订了 192 份个别合同，虽然两份框架协议和个别合同均具有法律效力，但二者条款发生冲突时，由于个别合同约定得更为具体，且个别合同是在框架协议之后签订的，故应以个别合同的约定作为认定双方履行的主要依据，同时参考框架协议，即个别合同的效力高于框架协议。对个别合同约定“结合工程建设方付款情况（发货后一月内付清全款欠款滚动）”的结算条款，乙贸易公司始终盖章同意，双方在长达一年半的合作期内，先后组织 192 次供货，始终是采取延期付款和银行承兑汇票的结算方式，乙贸易公司没有提出书面意见，也未主张过违约金，说明乙贸易公司已经接受了此种结算方式，属于合同履行中对结算方式的实际变更。乙贸易公司在接受了每次延期付款和银行承兑汇票，在收到全部货款后，转而又依据框架协议的约定，按照“清前欠后”的计算方式向甲建筑工程公司主张巨额货款，明显有悖民法的公平原则，故未支持乙贸易公司的诉请。

案例 57　框架协议采购合同履行期内，买方已接受了卖方就每笔订单进行的履行，嗣后不能再主张卖方履行不符合合同约定——甲家纺公司与乙广告公司买卖合同纠纷［江苏省南通市中级人民法院（2014）通中商终字第 0180 号］

乙广告公司 2010 年起向甲家纺公司提供喷绘等辅料，双方每年度均签订一份框架采购合同。2012 年度合同载明“数量 / 单位按订单，单价依据行情”，并约定在同等产品质量的情况下，供方承诺对需方的供货价格为市场最低价，若高于同期市场最低价格，供方必须将差价部分返还需方，返还追溯期为一年，按自发现差价之日起前一年内供方所有的供货量返还，需方可直接从供方货款中扣除。合同签订后，乙广告公司按照甲家纺公司发出的订单供货，订单中载明了该单货物的数量及单价。2013 年度合同载明“货物描述、等级、数量 / 单位、单价均按订单”，并注明采购项目均以订单信息为准，所有订单，供方需书面确认回传至甲家纺公司，同时亦约定了与 2012 年度合同相同的市场最低价条款。2013 年度，甲家纺公司尚欠货款 141663.79 元未支付。甲家纺公司提出 2012 年度乙广告公司所供货物价格高于其他公司供给甲家纺公司的价格，差价总额为 102027.38 元，主张依照 2012 年度框架采购合同中市场最低价条款，在 2013 年度货款中扣除上述差价。双方因此诉至法院。

法院认为，年度框架采购合同虽约定了市场最低价条款，但该合同本身并未确定单价，而以甲家纺公司向乙广告公司发出订单的形式，由甲家纺公司在订单中确定单价。在甲家纺公司与多个供应

商存在买卖合同关系、订单均由甲家纺公司发出的情况下，市场最低价最直接的掌握人应当是甲家纺公司。甲家纺公司既知道市场最低价，又以高于其他供应商的价格向乙广告公司发出订单，系其自身的行为对合同最低价条款的调整。况且乙广告公司按照甲家纺公司发出的订单供货并开具发票，甲家纺公司也接受了货物并将发票进行抵扣。此外，甲家纺公司在庭审中表示其与多个供应商之间在正常情况下应当是执行相同商品统一价格，之所以与乙广告公司之间的价格高，是甲家纺公司业务员违规操作所致，甲家纺公司主张自己业务员违规操作所造成的不利后果应由乙广告公司承担，也有悖诚实信用的原则。综上所述，法院未支持甲家纺公司主张，判令其应当全额支付所欠货款。

第三节　卖方违约的应对

一、要求卖方承担违约责任

实务指引

1. 卖方如未按约定履行合同义务，买方应依据合同相关条款要求其承担相应违约责任，无合理理由不得放弃自身权利，否则存在审计风险，也构成“无正当理由放弃应得合同权益”的违规经营行为，相关人员可能被追究责任。不可抗力一般可以构成卖方违约的免责事由，买方应根据“不能预见、不能避免且不能克服的客观情况”的定义严格认定卖方主张的理由是否构成不可抗力，卖方因自身原因未能预见、避免或克服客观情况对其履行合同义务的影响并导致违约的，不能以不可抗力为由免责。

2. 卖方交付的物资质量不符合合同约定标准的，买方可要求其修理、重作或更换；如果卖方拒绝在合理期限内修理、重作或更换，或者物资质量不符合约定的原因是设计缺陷，更换没有意义，修理、重作也无法解决问题，或者修理、重作、更换费用过高，或者买方时间紧迫，无法等待修理、重作或更换，必须尽快寻找合适替代物，则买方可以要求卖方承担退货、减少价款等违约责任。

3. 买方要求卖方减少价款的，如价款尚未支付，可以主张减少应付价款，如已支付，可以主张返还减价后多出部分的价款。主张减少的价款可以按照符合约定的物资和实际交付的物资在交付时的市场价值的差价计算。

4. 卖方未在合同约定期限内交货，或因修理、重作、更换导致未按期交付合格物资的，买方除可以按照合同约定要求卖方支付违约金外，还可要求赔偿因此受到的损失，包括合同履行后可以获得的利益，如买方未能按计划时间使用物资进行生产经营或转售物资而产生的利润损失，以及因卖方违约给买方造成的其他损失（如因卖方未按照合同约定及时供应零部件，导致买方向其下游客户迟延交货而支付的违约金）。买方在要求卖方赔偿损失时，需证明上述损失是卖方订立合同时预见到或者应当预见到的，索赔的金额一般也不超过卖方订立合同时预见到或者应当预见到的因其违约可能造成的损失。

5. 卖方未能按约定交付物资或交付的物资不合格，买方为满足自身经营需要向第三人采购同类物资，自行或委托第三人修理卖方交付的不合格物资，可以要求卖方支付买方为进行此种替代采购和修理所发生的合理费用。

6. 卖方违约后，买方也应积极采取防止损失扩大的适当措施，如停止进一步履行，进行无需付出重大努力和花费高额费用的合理替代交易，接受卖方变更合同的合理要约等，采取上述措施而支出的合理费用可以要求卖方承担。买方如未履行防止损失扩大义务，扩大的损失不属于卖方应承担的违约责任范围，买方无权要求卖方赔偿。

以案释险

案例 58　买方未按照合同约定追究卖方违约责任的审计风险

审计署在关于某中央企业年度财务收支审计结果的公告中，通报该企业某下属单位“未按合同约定验货，发现质量问题未追究供应商责任并全额支付尾款，涉及采购金额 2246.88 万元”的问题。

案例 59　卖方需优先完成国家重点工程所需货物的生产交货不属于不可抗力，不构成其他合同迟延交货的免责理由——甲物流公司与乙变压器公司承揽合同纠纷［陕西省高级人民法院（2021）陕民申 1670 号］

2011 年 1 月，甲物流公司与乙变压器公司签订《购销合同》，约定甲物流公司向乙变压器公司购买两台电力变压器。2011 年 7 月，乙变压器公司向甲物流公司发函称“恰逢国家重点工程 1000 千伏、750 千伏可控电抗器也在近期交货，造成了交货期的冲突，由于以上与国家重点项目的冲突，加之我司生产能力的局限，造成贵司项目产品交货时间推迟”。最终甲物流公司确认实际交货时间为 2011 年 10 月 16 日，实际迟延履行 123 天。甲物流公司提起诉讼，要求乙变压器公司支付逾期交货违约金 134.91 万元。乙变压器公司虽承认逾期交货的事实，但抗辩主张其是因为需要优先履行其他合同才导致本案合同迟延交货，由于需要优先履行的其他合同涉及国家重点工程即公共利益，属于不可抗力，因此乙变压器公司不应承担违约责任。

法院认为，乙变压器公司作为市场经济主体，应当根据其生产能力，按照订单难易程度等科学合理地安排生产，其对于合同的正常履约应在合同签订时即有预见，出现不同订单之间的时间冲突也并非完全不能避免和不能克服，其完全可以通过其他市场经济手段（如追加投入扩大产能、进行延期谈判合理变更合同、支付违约金等方式）予以规避，而不能将市场经营风险等同于不可抗力进而试图逃避违约责任。因此，法院认定乙变压器公司迟延履行交货义务的行为构成违约，应当承担违约责任。

案例 60　因卖方未按约定交货，买方另行向第三人采购多支出的费用，属于卖方应当赔偿的损失——甲锌业公司与乙商贸公司买卖合同纠纷［新疆维吾尔自治区高级人民法院（2022）新民申1986 号］

甲锌业公司（买方）与乙商贸公司（卖方）签订《普通硅酸盐水泥买卖合同》。乙商贸公司履行完首批供货义务后，于 2021 年 8 月 11 日向甲锌业公司发送了《关于乙商贸公司水泥价格上调的说明》，告知由于水泥生产厂家调整价格，将水泥价格上调 40 元／吨，2021 年 9 月 10 日，乙商贸公司向甲锌业公司发送《终止合同公函》表示，因水泥生产厂家价格调整，乙商贸公司决定终止合同。甲锌业公司向其他企业另行购买剩余 6838.64 吨水泥，每吨单价 575 元，比甲锌业公司与乙商贸公司约定的水泥单价每吨多支付 19 元，共计 129934.16 元。甲锌业公司提起诉讼，要求乙商贸公司

赔偿另行采购多支付货款的损失。乙商贸公司抗辩称水泥价格上涨其不可控制，甲锌业公司要求支付的违约损失超过乙商贸公司在订立合同时能够预见到违约造成的损失，缺乏法律依据。

法院认为，乙商贸公司作为建筑材料销售企业对水泥价格的涨跌趋势应具备一定的预见能力，涉案《普通硅酸盐水泥买卖合同》未对价格是否浮动进行约定，表明其自愿承担价格浮动风险。乙商贸公司的供应商上调水泥价格应属于正常的商业风险，乙商贸公司因水泥上涨价格而终止履行合同构成违约，甲锌业公司因此而另行采购多支付货款，该损失并未超过乙商贸公司在订立合同时能够预见到违约造成的损失，乙商贸公司应予赔偿。

案例61　卖方违约后，买方未采取适当措施防止损失扩大的，不得就扩大的损失请求赔偿——甲贸易公司与乙医药销售公司买卖合同纠纷［四川省高级人民法院（2021）川民终676号］

2020年4月3日，甲贸易公司与乙医药销售公司签订《集中采购合同》，约定乙医药销售公司向甲贸易公司提供KN95口罩，产品质量标准应符合包括但不限于GB 2626—2006的标准。由于乙医药销售公司供应的并非合同约定的KN95口罩而系民用“立体防护口罩”，且未在合同约定的最终交货时间2020年4月15日前交货，甲贸易公司解除合同，并主张由于乙医药销售公司违约，导致其无法按原计划将口罩转售给法国欧尚公司并获得其相应转售利润，要求乙医药销售公司赔偿可得利益损失以及货款利息损失、物流费、仓储费损失。

法院认为，虽然合同由于乙医药销售公司违约而解除，但甲贸易公司亦存在部分过错责任，具体表现为：自2020年4月13日发现货物存在质量瑕疵后乃至于货物质量送检结果出来后，仍然继续接收货物，甚至于4月18日其与欧尚公司书面解除“订单”的当天，还依然接收120万只KN95口罩，而非积极通知乙医药销售公司停止运输，且在乙医药销售公司送货到达指定地点之后，未及时退回不符合约定及迟延交付的货物，还单方面以乙医药销售公司未退还货款、应赔偿损失为由，将存在争议的货物留置于其仓库内，而该批口罩随着国内疫情的不断减缓以及各类口罩产量的不断上升而不断贬值，即使退还给乙医药销售公司也已经与当初交货时价值相去甚远。甲贸易公司已与欧尚公司协商，将欧尚公司支付的案涉口罩预付款转为与双方另一单手套贸易的预付款，也不能提交其他证据证明其因乙医药销售公司交付的口罩不符合约定而产生的预期利润损失数额，因此法院未支持甲贸易公司的诉讼请求。

法条索引

民法典（主席令第45号）

第五百七十七条　当事人一方不履行合同义务或者履行合同义务不符合约定的，应当承担继续履行、采取补救措施或者赔偿损失等违约责任。

第五百八十二条　履行不符合约定的，应当按照当事人的约定承担违约责任。对违约责任没有约定或者约定不明确，依据本法第五百一十条的规定仍不能确定的，受损害方根据标的的性质以及损失的大小，可以合理选择请求对方承担修理、重作、更换、退货、减少价款或者报酬等违约责任。

第五百八十三条　当事人一方不履行合同义务或者履行合同义务不符合约定的，在履行义务或者采取补救措施后，对方还有其他损失的，应当赔偿损失。

第五百八十四条　当事人一方不履行合同义务或者履行合同义务不符合约定，造成对方损失的，损失赔偿额应当相当于因违约所造成的损失，包括合同履行后可以获得的利益；但是，不得超过违约一方订立合同时预见到或者应当预见到的因违约可能造成的损失。

第五百九十一条　当事人一方违约后，对方应当采取适当措施防止损失的扩大；没有采取适当措施致使损失扩大的，不得就扩大的损失请求赔偿。

当事人因防止损失扩大而支出的合理费用，由违约方负担。

最高人民法院关于适用《中华人民共和国民法典》合同编通则若干问题的解释（法释〔2023〕13号）

第六十三条　在认定民法典第五百八十四条规定的“违约一方订立合同时预见到或者应当预见到的因违约可能造成的损失”时，人民法院应当根据当事人订立合同的目的，综合考虑合同主体、合同内容、交易类型、交易习惯、磋商过程等因素，按照与违约方处于相同或者类似情况的民事主体在订立合同时预见到或者应当预见到的损失予以确定。

除合同履行后可以获得的利益外，非违约方主张还有其向第三人承担违约责任应当支出的额外费用等其他因违约所造成的损失，并请求违约方赔偿，经审理认为该损失系违约一方订立合同时预见到或者应当预见到的，人民法院应予支持。

在确定违约损失赔偿额时，违约方主张扣除非违约方未采取适当措施导致的扩大损失、非违约方也有过错造成的相应损失、非违约方因违约获得的额外利益或者减少的必要支出的，人民法院依法予以支持。

最高人民法院关于审理买卖合同纠纷案件适用法律问题的解释（法释〔2020〕17号）

第十六条 买受人在检验期限、质量保证期、合理期限内提出质量异议，出卖人未按要求予以修理或者因情况紧急，买受人自行或者通过第三人修理标的物后，主张出卖人负担因此发生的合理费用的，人民法院应予支持。

第十七条 标的物质量不符合约定，买受人依照民法典第五百八十二条的规定要求减少价款的，人民法院应予支持。当事人主张以符合约定的标的物和实际交付的标的物按交付时的市场价值计算差价的，人民法院应予支持。

价款已经支付，买受人主张返还减价后多出部分价款的，人民法院应予支持。

中央企业违规经营投资责任追究实施办法（试行）（国务院国有资产监督管理委员会令第37号）

第九条 购销管理方面的责任追究情形：

……

（二）未正确履行合同，或无正当理由放弃应得合同权益。

二、买方因卖方违约解除合同

1. 卖方在合同约定的交付期限前明确表示或者以自己的行为表明不履行供货义务，买方可以解除合同。“以自己的行为表明不履行供货义务”主要是指卖方有意实施可能妨碍其履行供货义务的行为。此外，买方有确切证据证明卖方存在经营状况严重恶化，转移财产、抽逃资金，以逃避债务，丧失商业信誉或有丧失或者可能

丧失履行债务能力的其他情形，并因此暂停支付货款，卖方在收到买方通知后的合理期限内如未恢复履行能力且未提供适当担保的，可以视为卖方以自己的行为表明不履行主要债务，买方可以解除合同。

2. 卖方迟延交货导致合同目的不能实现，买方可以直接解除合同；如迟延交付行为不足以导致合同目的不能实现，买方应催告卖方交货，卖方在催告后的合理期限内仍未交货，买方可以解除合同。卖方迟延交货导致合同目的不能实现的情形有：合同明确约定卖方迟延交货，买方将不予接受；交货期限是合同的必要因素，延迟履行将严重影响买方订立合同所期望实现的目的（如订购赠送客户的新年礼品，卖方未在元旦前交货）；因市场行情变化，导致卖方迟延交货将使买方受到重大损失。

3. 卖方没有履行或者不当履行交付发票、单据、检验报告、技术资料等从给付义务的，买方一般不能解除合同，但可以要求卖方继续履行上述义务并赔偿因怠于履行上述义务给买方造成的损失。如果卖方没有履行或者不当履行上述义务的违约行为致使买方不能实现合同目的，买方可以解除合同。

4. 合同项下物资包括多个货物的，如果其中一个货物不符合约定，买方可以解除合同中涉及该物的部分，不能解除整个合同；但如果该物与其他货物分离将使标的物价值受到明显损害（如多个货物之间在功能上具有配套关系），买方可以解除整个合同。

5. 合同约定分批交付货物的，其中一批未交付或者交付不符合约定，致使该批货物不能实现合同目的，买方可以解除合同中涉及该批货物的部分，不能解除整个合同。但如果该批货物或其交付不符合约定会导致其他各批货物的交付不能实现合同目的，买方可以解除合同中涉及该批以及之后其他各批货物的部分（如合同约定分四批交付月饼，用于买方向其客户赠送中秋节礼品，其中第三批未能在中秋节前交付，则第四批的交付自然也不能实现合同目的，可以一并解除）；如果该批货物与其他各批货物具有相互依存性（如分批交付的成套设备，其中一批存在质量问题将导致整套设备无法正常使用），买方可以解除涉及已经交付和未交付货物的整个合同。

6. 买方如要解除合同，应确认已发生法律规定或合同约定的使其有权解除合同的情形，否则即使卖方在收到解除通知后未提出异议，也不发生合同解除的效力，可能导致买方陷于被动。解除通知应在合同约定的解除权行使期限内发出，合同如未约定解除权行使期限，应在知道或者应当知道解除事由之日起一年内发出。如果卖方在自身违约后，不确定买方是否还要求其继续履行义务，主动催告买方解除合同的，买方应在卖方催告明确的期限或催告后的合理期限内发出解除通知。未在上述期限内发出解除通知的，买方将丧失解除合同的权利。

7. 合同解除后，买方对于尚未支付的货款不再负有付款义务，还可以要求卖方退还已支付的货款，也有权依据合同约定要求卖方支付违约金或赔偿损失，买方不因合同解除而丧失上述权利。

以案释险

案例 62　卖方迟延交货不会导致合同目的无法实现的，卖方在买方催告后的合理期限内仍未交货的，买方才能解除合同；各物之间具有独立性的数物买卖合同，其中一物不符合合同约定，买方仅能就该物解除合同——甲机电设备公司与乙电气技术公司买卖合同纠纷［北京市第一中级人民法院（2022）京 01 民终 9934 号］

2017 年 12 月 2 日，买方甲机电设备公司与卖方乙电气技术公

司签订《高压变频器买卖合同》，约定“交货期：在任何情况下，产品的正常生产周期为合同签订生效、双方确认技术图纸（如有）且卖方收到买方根据本合同约定的预付款及生产进度款后60天，买方应在生产周期届满后15天内书面通知卖方发货或提货”；《技术协议》约定电解电容应采用日本生产厂家“NCC”生产的电解电容。合同履行过程中乙电气技术公司存在逾期交货行为，一台设备的电解电容未采用“NCC”品牌，采用了国产“Jinghai”品牌。甲机电设备公司提起诉讼，要求解除合同。

法院认为，迟延履行债务致使不能实现合同目的，守约方才能无催告地即时解除，否则守约方应进行催告，违约方在催告后的合理期限内仍未履行的，守约方才能解除合同。案涉合同并未明确约定乙电气技术公司在限定期限内不履行交货义务就产生合同解除的法律后果，乙电气技术公司两台设备迟延交货28天，甲机电设备公司在乙电气技术公司交货时也并未表示拒绝接收，尚不足以认定乙电气技术公司的该项违约行为导致甲机电设备公司的合同目的不能实现，故甲机电设备公司不享有以迟延交付为理由的合同解除权。《高压变频器买卖合同》系对于数物的买卖合同，如各物之间具有独立性，其中一物不符合合同约定，买方仅能就该物享有合同解除权，不能因此请求解除对他物的买卖合同关系。乙电气技术公司第一批送货的4台设备包括电容品牌不符合合同约定的设备，均在使用中，第二批送货的两台设备现闲置于甲机电设备公司处，故案涉6台设备不属于互相分离使标的物价值显受损害的情形，甲机电设备公司仅对其中电容品牌不符合合同约定的一台设备享有解除权，主张解除案涉合同依据不足，其要求退还尚未拆装的两台设备，亦于法无据，法院不予支持。

案例63　卖方未履行从给付义务，致使买方不能实现合同目的的，买方可以主张解除合同——甲淀粉公司与乙科技公司买卖合同纠纷［吉林省长春市中级人民法院（2022）吉01民终494号］

2021年5月28日，甲淀粉公司与乙科技公司签订《产品销售安装合同》，约定甲淀粉公司向乙科技公司购买轻质实芯板，乙科技公司提供的轻质实芯板需附耐火极限3小时的《产品检验报告》。但乙科技公司在合同履行期内先后向甲淀粉公司提交的两份检验报告均不符合合同约定，甲淀粉公司提起诉讼，请求解除合同。

法院认为，乙科技公司提交的两份检验报告均不符合合同约定，致使甲淀粉公司有理由认为其所提供的产品不符合耐火性3小时的要求。根据《民法典》第五百六十三条第一款第四项及《最高人民法院关于审理买卖合同纠纷案件适用法律问题的解释》第十九条的规定，出卖人没有履行或者不当履行从给付义务，致使买受人不能实现合同目的的，买受人可以主张解除合同。乙科技公司未能按照《产品销售安装合同》约定履行，致使甲淀粉公司不能实现合同目的，甲淀粉公司有权要求解除合同。

案例64　未在法定期限内行使合同解除权，法院不予支持——甲塑胶公司与乙通风设备公司买卖合同纠纷［安徽省马鞍山市中级人民法院（2023）皖05民终932号］

2019年6月12日，甲塑胶公司与乙通风设备公司签订《采购合同》，约定甲塑胶公司向乙通风设备公司采购排风降温喷淋系统设备。乙通风设备公司依约交付并安装了案涉设备，甲塑胶公司在使用过程中发现设备存在问题并与乙通风设备公司进行交涉，要求其对设备进行修复，但未能得到妥善解决。甲塑胶公司于2023年提起诉讼，请求判决解除《采购合同》，乙通风设备公司将涉案设

备取回并返还定金12万元。

法院认为，《民法典》第五百六十四条规定，法律规定或者当事人约定解除权行使期限，期限届满当事人不行使的，该权利消灭。法律没有规定或者当事人没有约定解除权行使期限，自解除权人知道或者应当知道解除事由之日起一年内不行使，或者经对方催告后在合理期限内不行使的，该权利消灭。乙通风设备公司向甲塑胶公司移交设备并验收合格的时间为2019年9月23日，甲塑胶公司于庭审中称设备早在2019年时已不再使用，在此时其已经知道或者应当知道设备存在问题，但在乙通风设备公司于2020年、2021年两次起诉索要货款时，甲塑胶公司均未提出反诉要求解除合同。甲塑胶公司在知道设备不能达到其使用目的后的三年时间内，均未能积极主张权利，直至2023年方提起解除合同之诉，已超过解除权行使期限，不应支持。

法条索引

民法典（主席令第45号）

第五百二十八条　当事人依据前条规定中止履行的，应当及时通知对方。对方提供适当担保的，应当恢复履行。中止履行后，对方在合理期限内未恢复履行能力且未提供适当担保的，视为以自己的行为表明不履行主要债务，中止履行的一方可以解除合同并可以请求对方承担违约责任。

第五百六十三条　有下列情形之一的，当事人可以解除合同：

……

（三）当事人一方迟延履行主要债务，经催告后在合理期限内仍未履行；

（四）当事人一方迟延履行债务或者有其他违约行为致使不能实现合同目的；

……

第五百六十四条 法律规定或者当事人约定解除权行使期限，期限届满当事人不行使的，该权利消灭。

法律没有规定或者当事人没有约定解除权行使期限，自解除权人知道或者应当知道解除事由之日起一年内不行使，或者经对方催告后在合理期限内不行使的，该权利消灭。

第五百六十六条第二款 合同因违约解除的，解除权人可以请求违约方承担违约责任，但是当事人另有约定的除外。

第六百三十二条 标的物为数物，其中一物不符合约定的，买受人可以就该物解除。但是，该物与他物分离使标的物的价值显受损害的，买受人可以就数物解除合同。

第六百三十三条 出卖人分批交付标的物的，出卖人对其中一批标的物不交付或者交付不符合约定，致使该批标的物不能实现合同目的的，买受人可以就该批标的物解除。

出卖人不交付其中一批标的物或者交付不符合约定，致使之后其他各批标的物的交付不能实现合同目的的，买受人可以就该批以及之后其他各批标的物解除。

买受人如果就其中一批标的物解除，该批标的物与其他各批标的物相互依存的，可以就已经交付和未交付的各批标的物解除。

最高人民法院关于适用《中华人民共和国民法典》合同编通则若干问题的解释（法释〔2023〕13号）

第二十六条 当事人一方未根据法律规定或者合同约定履行开具发票、提供证明文件等非主要债务，对方请求继续履行该债务并赔

偿因怠于履行该债务造成的损失的，人民法院依法予以支持；对方请求解除合同的，人民法院不予支持，但是不履行该债务致使不能实现合同目的或者当事人另有约定的除外。

第五十三条　当事人一方以通知方式解除合同，并以对方未在约定的异议期限或者其他合理期限内提出异议为由主张合同已经解除的，人民法院应当对其是否享有法律规定或者合同约定的解除权进行审查。经审查，享有解除权的，合同自通知到达对方时解除；不享有解除权的，不发生合同解除的效力。

最高人民法院关于审理买卖合同纠纷案件适用法律问题的解释（法释〔2020〕17号）

第十九条　出卖人没有履行或者不当履行从给付义务，致使买受人不能实现合同目的，买受人主张解除合同的，人民法院应当根据民法典第五百六十三条第一款第四项的规定，予以支持。

第五章

卖方发生特殊情况的处理

物资采购合同履行过程中卖方可能发生一些特殊情况，如以其在合同项下的应收账款债权进行质押或保理融资，因不能履行对他人的债务被法院强制执行或进入破产程序等。国有企业作为买方，应支持卖方利用应收账款融资，履行协助法院执行的法定义务，依法参与破产程序，避免因处理不当导致自身承担责任或发生损失。

第一节　卖方进行应收账款融资

一、应收账款质押融资

实务指引

1. 卖方可以将其在物资采购合同项下的应收账款进行质押，作为向金融机构贷款或发行债券的担保。这两种情况下，贷款金融机构、债券发行中介机构都会要求买方确认应收账款的真实性。买方

作为卖方应收账款债务人，无权限制卖方进行应收账款质押融资[1]，收到确认应收账款真实性的要求后，应当在30天内及时予以确认，不得无故拖延，为卖方特别是中小企业融资提供便利。

2. 买方确认应收账款的真实性后，就不得再以应收账款不存在或者已经消灭为由主张不承担责任。因此，买方在确认应收账款真实性时，应根据合同约定、财务记录等认真核实应收账款是否确实存在，确定应收账款的准确金额、付款期限等信息，并在书面确认中准确载明，避免确认信息与实际不符，导致后续承担不利后果。

3. 买方向质权人出具的签字盖章的应收账款余额表、对账单等具有确认应收账款真实性及相关信息的效力，因此应严格控制此类材料的出具，按照确认应收账款真实性的内部程序和标准进行核实确认，防止未经审批擅自对外提供签字盖章的、但与实际情况不符的应收账款余额表、对账单等材料。

4. 质权人要求买方根据应收账款质押合同向其付款时，买方应核实应收账款是否经自身确认真实性，审核金融机构提供的表明应收账款质权行使条件已满足（如卖方未按期向质权人偿还贷款）的材料，并可通过人民银行动产和权利担保统一登记系统对应收账款质押登记情况进行查询和验证，防止错误付款。在收到质权人向其付款的通知并确认真实无误后，不得再向卖方付款。

[1] 应收账款是应收账款债权人（卖方）的资产，进行应收账款质押是卖方对其资产进行处分的权利，应收账款债务人（买方）没有权利进行限制，《民法典》《国务院关于实施动产和权利担保统一登记的决定》《动产和权利担保统一登记办法》均未规定应收账款质押需要取得债务人同意，《保障中小企业款项支付条例》及国务院国资委相关文件也都明确要求如中小企业以应收账款担保融资的，国有企业应当及时确认债权债务关系。

以案释险

案例 65　买方在《应收账款余额表》上签字盖章，构成对应收账款真实性的确认，之后不能以应收账款不存在为由拒绝向应收账款质权人支付货款——甲广电公司与乙银行等金融借款合同纠纷［最高人民法院（2021）最高法民申 3780 号］

甲广电公司与乙银行、丙数码科技公司签订《协议书》，约定鉴于丙数码科技公司为甲广电公司有线数字电视机系统用户终端接收机（机顶盒）及相关产品的供应商，具有长期良好合作关系，丙数码科技公司拟在一定阶段内向乙银行进行银行融资，其中一项担保条件为用丙数码科技公司对甲广电公司的已发生和将发生的应收账款进行质押。2015 年 10 月 26 日，丙数码科技公司与乙银行签订了《综合授信合同》《权利质押合同》，对相关事项进行了具体约定，同日乙银行就上述应收账款质押在中国人民银行征信中心办理了应收账款质押登记。2015 年 12 月 15 日，丙数码科技公司、甲广电公司向乙银行出具《应收账款余额表》，确认了截至 2015 年 11 月 30 日丙数码科技公司对甲广电公司的应收账款余额。后丙数码科技公司不能偿还贷款，乙银行要求甲广电公司向其支付货款，甲广电公司认为《应收账款余额表》与本案无关，主张相应应收账款不存在，应收账款质押并未有效设立。

法院认为，甲广电公司在《应收账款余额表》加盖公章、相关负责人签名，应视为对应收账款真实性的确认，对其具有法律约束力，依法应承担相应的法律责任。应收账款作为债权具有相对性，乙银行作为第三人难以完全知悉基础交易合同当事人之间债权债务的真实情况，在出质人丙数码科技公司和应收账款债务人甲广电公

司共同出具《应收账款余额表》、对应收账款余额予以确认的情况下，应当认为乙银行对案涉应收账款质押尽到了基本的审查注意义务，甲广电公司并没有提交相关证据证明乙银行明知或者应当知道拟出质的应收账款虚假或者不存在依然接受质押，案涉《应收账款质押合同》也已依法办理了应收账款质押登记，因此认定乙银行对案涉应收账款享有质权并有权优先受偿。

法条索引

民法典（主席令第 45 号）

第四百四十条　债务人或者第三人有权处分的下列权利可以出质：

……

（六）现有的以及将有的应收账款；

……

最高人民法院关于适用《中华人民共和国民法典》有关担保制度的解释（法释〔2020〕28 号）

第六十一条　以现有的应收账款出质，应收账款债务人向质权人确认应收账款的真实性后，又以应收账款不存在或者已经消灭为由主张不承担责任的，人民法院不予支持。

以现有的应收账款出质，应收账款债务人未确认应收账款的真实性，质权人以应收账款债务人为被告，请求就应收账款优先受偿，能够举证证明办理出质登记时应收账款真实存在的，人民法院应予支持；质权人不能举证证明办理出质登记时应收账款真实存在，仅以已经办理出质登记为由，请求就应收账款优先受偿的，人民法院不予支持。

以现有的应收账款出质，应收账款债务人已经向应收账款债权人履行了债务，质权人请求应收账款债务人履行债务的，人民法院不予支持，但是应收账款债务人接到质权人要求向其履行的通知后，仍然向应收账款债权人履行的除外。

……

保障中小企业款项支付条例(国务院令第728号)

第十四条 中小企业以应收账款担保融资的，机关、事业单位和大型企业应当自中小企业提出确权请求之日起30日内确认债权债务关系，支持中小企业融资。

二、保理融资

实务指引

1. 卖方可以将其在物资采购合同项下的应收账款转让给从事保理业务的机构，从保理机构获得融资。保理机构会要求买方确认应收账款债权的真实性，买方应当在收到要求后30日内及时予以确认，不应以卖方办理保理业务须经过其同意等为由拖延或拒绝确认[1]。买方确认债权的真实性后，就不得再以债权不存在为由拒绝

[1] 《民法典》第五百四十五条规定“当事人约定非金钱债权不得转让的，不得对抗善意第三人。当事人约定金钱债权不得转让的，不得对抗第三人”。应收账款是典型的金钱债权，根据上述规定，即使买卖合同约定未经买方同意卖方不得转让应收账款并办理保理业务，该约定对保理机构也不具有对抗效力，即买方不能以未取得其同意为由对保理机构主张保理无效。因此，买方要求卖方办理保理须取得其同意，既不符合国有企业应当支持中小企业以应收账款融资的政策要求，在法律上也并不能实现防范卖方办理保理风险的目的。

向保理机构付款，因此买方应根据合同约定、财务记录等认真核实应收账款债权是否确实存在，确定准确的债权金额、付款期限等信息，并在书面确认中载明。

2. 保理业务的基础是应收账款债权的转让，须通知作为债务人的买方，才对买方发生效力。如没有发生真实的应收账款债权转让，买方就向保理机构付款，其仍然负有根据买卖合同向卖方付款的义务，只能要求保理机构返还不当得利以挽回损失。因此，买方收到保理机构发出的应收账款转让通知后，应审核其是否表明了保理机构身份并附有必要凭证（包括卖方和保理机构签署的书面债权转让合同或保理合同、卖方签字盖章的书面转让通知），且最好经过公证机构的公证，以确认应收账款债权转让的真实性，并可通过人民银行动产和权利担保统一登记系统对保理登记情况进行查询和验证。

3. 买方在收到应收账款债权转让通知、确认了转让的真实性并留存了相应的充分证据后，应向保理机构支付货款；即使卖方又提出保理合同不成立、无效、被撤销或者确定不发生效力等理由，也不能继续向卖方付款。如买方仍向卖方付款，不能免除基于应收账款债权转让应向保理机构付款的义务，可能产生因重复付款、需要卖方返还不当得利才能挽回损失的风险。

4. 买方收到应收账款转让通知后，与卖方无正当理由进行对保理机构产生不利影响的买卖合同变更（如没有合同依据延长付款期限、增加不合理付款条件等）或合同终止，对保理人不发生效力。因此，买方如要与卖方协商变更或终止买卖合同，应注意无正当理由不得对保理机构产生不利影响。

5. 如卖方以同一笔应收账款债权向多家保理机构办理保理业务，在采购合同约定的付款条件满足后，买方应向保理已登记且登

记时间在先的保理机构支付货款；如均未登记，应向最先到达买方的债权转让通知中载明的保理机构支付货款。采用邮寄、通信电子系统等方式发出通知的，应当以邮戳时间或者通信电子系统记载的时间等作为认定通知到达时间的依据。

以案释险

案例 66　买方主张已向保理商支付货款，但不能提供卖方确认向保理商转让应收账款债权的证据，则买方仍需向卖方付款——甲建设集团与乙建筑制品公司买卖合同纠纷［西安市未央区人民法院（2020）陕 0112 民初 26979 号］

2017 年 6 月、2018 年 4 月，甲建设集团和乙建筑制品公司签订 2 份《商品混凝土采购合同》，约定乙建筑制品公司向甲建设集团施工的某项目供应商品混凝土。后双方就货款支付发生争议，甲建设集团主张其已向保理商深圳前海联捷商业保理有限公司支付了部分款项，不认可乙建筑制品公司主张的欠款金额。

法院认为，甲建设集团提供的乙建筑制品公司确认向保理商付款的《买方确认函》仅有甲建设集团一方签章，甲建设集团也未能提供《买方确认函》上所称的具有原告签字的《应收账款转让通知书》，因此不能证明乙建筑制品公司已经将部分货款债权转让给保理商的事实，甲建设集团实际支付的货款应以乙建筑制品公司实际收到的货款为准，对乙建筑制品公司未收到的货款，甲建设集团仍有付款义务。

民法典（主席令第 45 号）

第五百四十六条第一款　债权人转让债权，未通知债务人的，该转让对债务人不发生效力。

第七百六十四条　保理人向应收账款债务人发出应收账款转让通知的，应当表明保理人身份并附有必要凭证。

第七百六十五条　应收账款债务人接到应收账款转让通知后，应收账款债权人与债务人无正当理由协商变更或者终止基础交易合同，对保理人产生不利影响的，对保理人不发生效力。

第七百六十八条　应收账款债权人就同一应收账款订立多个保理合同，致使多个保理人主张权利的，已经登记的先于未登记的取得应收账款；均已经登记的，按照登记时间的先后顺序取得应收账款；均未登记的，由最先到达应收账款债务人的转让通知中载明的保理人取得应收账款；既未登记也未通知的，按照保理融资款或者服务报酬的比例取得应收账款。

最高人民法院关于适用《中华人民共和国民法典》合同编通则若干问题的解释（法释〔2023〕13 号）

第四十八条第一款　债务人在接到债权转让通知前已经向让与人履行，受让人请求债务人履行的，人民法院不予支持；债务人接到债权转让通知后仍然向让与人履行，受让人请求债务人履行的，人民法院应予支持。

第四十九条　债务人接到债权转让通知后，让与人以债权转让合同不成立、无效、被撤销或者确定不发生效力为由请求债务人向其履行的，人民法院不予支持。但是，该债权转让通知被依法撤销的除外。

受让人基于债务人对债权真实存在的确认受让债权后，债务人又以该债权不存在为由拒绝向受让人履行的，人民法院不予支持。但是，受让人知道或者应当知道该债权不存在的除外。

第五十条 让与人将同一债权转让给两个以上受让人，债务人以已经向最先通知的受让人履行为由主张其不再履行债务的，人民法院应予支持。债务人明知接受履行的受让人不是最先通知的受让人，最先通知的受让人请求债务人继续履行债务或者依据债权转让协议请求让与人承担违约责任的，人民法院应予支持；最先通知的受让人请求接受履行的受让人返还其接受的财产的，人民法院不予支持，但是接受履行的受让人明知该债权在其受让前已经转让给其他受让人的除外。

前款所称最先通知的受让人，是指最先到达债务人的转让通知中载明的受让人。当事人之间对通知到达时间有争议的，人民法院应当结合通知的方式等因素综合判断，而不能仅根据债务人认可的通知时间或者通知记载的时间予以认定。当事人采用邮寄、通讯电子系统等方式发出通知的，人民法院应当以邮戳时间或者通讯电子系统记载的时间等作为认定通知到达时间的依据。

第二节　卖方进入强制执行、破产等司法程序

一、卖方货款债权被法院冻结或执行

1. 卖方未履行对他人的债务，被申请强制执行的，法院可以冻

结卖方对买方的货款债权，要求买方不得向卖方支付货款，或直接扣划（要求买方向卖方的债权人或法院执行账户支付）。买方如收到法院的冻结通知或履行债务通知，应及时核实通知载明的债权是否准确，如存在要求冻结或履行的债权金额大于买方应支付货款的实际金额，或货款尚不满足付款条件，或因卖方未按合同履行、物资质量问题等原因，买方需扣减应支付货款中的履约保证金、质量保证金等情形，买方应在收到通知后 15 日内向执行法院提出异议。法院冻结时尚无异议事由，或买方因疏忽未提出异议的，在法院要求向卖方的债权人支付货款时还可以再次提出。但如果该应收账款债权已经法院的生效判决、裁定等生效法律文书（如法院关于买卖双方纠纷的生效判决）确定，买方不能提出异议。

2. 买方收到法院关于不得向卖方付款要求的通知后，在法院冻结通知载明的期限内不得再向卖方付款，并应及时将该情况通知卖方。如仍擅自付款造成货款不能追回、导致卖方的债权人的债权不能实现，买方将在该笔货款金额范围内与卖方向卖方的债权人承担连带清偿责任，法院还可以追究买方妨害执行的法律责任。

3. 如法院通知要求买方直接向卖方的债权人或法院执行账户付款，买方按照法院要求付款后，应当请法院出具收据或其他证明其已按照法院要求付款的文件，并及时将该情况通知卖方，避免后续卖方主张买方欠付货款而引起争议。

4. 法院不掌握被执行人享有的债权具体情况，向买方调查卖方的应收货款等债权情况的，买方应如实报告，不得隐瞒；此时即使法院还没有发出冻结货款的裁定或要求向卖方的债权人或法院执行账户付款的通知，买方在明知法院正在对卖方债权进行调查的情况下，也不得擅自向卖方支付货款。如因隐瞒或擅自付款导致卖方的债权人的债权无法实现的，买方可能被判向卖方的债权人承担赔偿责任，法院也可以追究买方妨害执行的法律责任，作出罚款等处罚。

5. 如同一笔货款先后被多家法院冻结，买方应准确记录和掌握多笔冻结及其时间、期限，确保在多笔冻结持续的期间内不向卖方付款。同一笔货款处于被多家法院同时冻结的状态时，如在先冻结的法院要求扣划，买方应按要求支付至法院指定账户；如在先法院要求扣划的金额低于货款金额，则剩余的金额仍属于在后法院的冻结对象，在冻结期内不能支付给卖方。如在后冻结的法院要求扣划，由于款项已被在先法院冻结，买方应向该法院提出异议，但如果在先法院并未冻结全部货款，则未被冻结的部分可以按照在后法院的要求进行扣划。

案例 67　被执行人的债务人在法院要求其停止向被执行人付款时未提出异议的，在法院直接提取其应向被执行人支付的款项或要求其直接向申请执行人付款时，仍有权提出异议——某集团公司第四分公司申请执行跟进监督案

2008 年 10 月 9 日，某区人民法院在审理某木材销售公司诉李某江拖欠货款一案中，根据某木材销售公司的诉讼保全申请，向某集团公司第四分公司送达协助执行通知书，要求某集团公司第四分公司停止向李某江支付工程款 536 万元。2009 年 2 月 16 日，法院一审判决李某江支付货款等款项 536 万元及利息，某木材销售公司申请强制执行。法院于 2009 年 7 月 15 日作出执行裁定书，载明扣留被执行人李某江在某集团公司第四分公司的收入 536 万元。2009 年 7 月 21 日，某集团公司第四分公司向法院提出执行异议，主要理由为：某集团公司第四分公司与李某江虽存在建设工程施工关系，但

截至2008年5月，双方之间工程款已结算完毕，某集团公司第四分公司不欠李某江工程款。2009年10月20日，法院裁定驳回执行异议，主要理由为：法院采取诉讼保全措施后，某集团公司第四分公司直到判决书生效后，一直未向法院提出异议，而是在时隔9月后、案件进入执行程序时才提出异议，使某木材销售公司丧失保全被执行人其他财产的机会，致使其债权不能实现，因此某集团公司第四分公司应当对某木材销售公司的损失承担赔偿责任。某集团公司第四分公司申请复议，但某市中级人民法院驳回复议。

某集团公司第四分公司向检察机关申请执行监督，某省高级人民法院采纳检察机关的检察建议，认为在诉讼过程中人民法院可以对被执行人在第三人处享有的债权予以财产保全。保全到期债权只要求第三人对被执行人在第三人处的到期债权不得清偿，某集团公司第四分公司已经作出停止支付的行为，即应认定该公司履行了协助通知规定的协助义务。某集团公司第四分公司作为第三人在保全阶段未提出异议并不表明其认可到期债权的真实存在，更不表明案件在转入执行阶段后，就会认可执行法院对到期债权的执行。某集团公司第四分公司在执行程序中对执行行为提出异议是行使法定权利，即便其未在诉讼阶段对保全到期债权提出异议，执行法院也不能因此认定被执行人对第三人享有的到期债权真实成立，从而剥夺第三人提出异议的权利，某市两级法院的执行行为违反了上述法律规定，依法予以纠正。

案例68　被执行人的债务人在协助执行时向法院虚假陈述，隐瞒被执行人对其享有的债权并擅自向被执行人履行，构成妨碍法院执行的违法行为——乙城建发展公司在协助执行中向法院虚假陈述被处罚款案［沭阳县人民法院（2017）苏1322执9297号罚款

决定书]

申请执行人陈某申请法院执行甲建设集团公司对其的债务，并向法院提供线索，称甲建设集团公司在乙城建发展公司处有可供执行的到期债权，申请法院对该款项予以执行。法院工作人员于2018年3月30日至乙城建发展公司调查核实该公司应付甲建设集团公司的工程款情况，乙城建发展公司称仅有210万元的质保金未支付，法院遂作出冻结210万元质保金的执行裁定书，并向乙城建发展公司送达协助执行通知书，要求乙城建发展公司协助执行。乙城建发展公司向法院提出执行异议称，该质保金用于房屋维修，无法协助法院对甲建设集团公司的执行。2018年12月，法院根据申请执行人提供的信息，查明乙城建发展公司于2018年4月向甲建设集团公司支付1200余万元。

法院认为，乙城建发展公司在法院工作人员向其调查核实的过程中，隐瞒其尚欠甲建设集团公司工程款未支付的事实，称仅有210万元的质保金未结算；在收到法院冻结210万元的执行裁定书及协助执行通知书后，主张无法协助执行，并于2018年4月4日向甲建设集团公司支付1200万元工程款。乙城建发展公司故意隐瞒其与甲建设集团公司之间债权债务，妨害法院执行，依据《民事诉讼法》第一百一十四条、第一百一十五条的规定，对乙城建发展公司罚款50万元、对其法定代表人郭某罚款5万元。

法条索引

最高人民法院关于适用《中华人民共和国民事诉讼法》的解释（法释〔2022〕11号）

第四百九十九条　人民法院执行被执行人对他人的到期债权，

可以作出冻结债权的裁定，并通知该他人向申请执行人履行。

该他人对到期债权有异议，申请执行人请求对异议部分强制执行的，人民法院不予支持。利害关系人对到期债权有异议的，人民法院应当按照民事诉讼法第二百三十四条规定处理。

对生效法律文书确定的到期债权，该他人予以否认的，人民法院不予支持。

最高人民法院关于人民法院执行工作若干问题的规定（试行）（法释〔2020〕21号）

七、被执行人到期债权的执行

45. 被执行人不能清偿债务，但对本案以外的第三人享有到期债权的，人民法院可以依申请执行人或被执行人的申请，向第三人发出履行到期债务的通知（以下简称履行通知）。履行通知必须直接送达第三人。

履行通知应当包含下列内容：

（1）第三人直接向申请执行人履行其对被执行人所负的债务，不得向被执行人清偿；

（2）第三人应当在收到履行通知后的十五日内向申请执行人履行债务；

（3）第三人对履行到期债权有异议的，应当在收到履行通知后的十五日内向执行法院提出；

（4）第三人违背上述义务的法律后果。

46. 第三人对履行通知的异议一般应当以书面形式提出，口头提出的，执行人员应记入笔录，并由第三人签字或盖章。

47. 第三人在履行通知指定的期间内提出异议的，人民法院不得对第三人强制执行，对提出的异议不进行审查。

48. 第三人提出自己无履行能力或其与申请执行人无直接法律关系，不属于本规定所指的异议。

第三人对债务部分承认、部分有异议的，可以对其承认的部分强制执行。

49. 第三人在履行通知指定的期限内没有提出异议，而又不履行的，执行法院有权裁定对其强制执行。此裁定同时送达第三人和被执行人。

50. 被执行人收到人民法院履行通知后，放弃其对第三人的债权或延缓第三人履行期限的行为无效，人民法院仍可在第三人无异议又不履行的情况下予以强制执行。

51. 第三人收到人民法院要求其履行到期债务的通知后，擅自向被执行人履行，造成已向被执行人履行的财产不能追回的，除在已履行的财产范围内与被执行人承担连带清偿责任外，可以追究其妨害执行的责任。

52. 在对第三人作出强制执行裁定后，第三人确无财产可供执行的，不得就第三人对他人享有的到期债权强制执行。

53. 第三人按照人民法院履行通知向申请执行人履行了债务或已被强制执行后，人民法院应当出具有关证明。

二、法院受理卖方破产申请

实务指引

1. 卖方破产申请被法院受理后，针对尚未履行完毕的物资采购合同，买方应向法院指定的管理人询问是否继续履行，如管理人通

知买方继续履行，买方可以继续履行，但应要求管理人提供适当担保，管理人不提供担保的，买方可以解除合同。管理人自破产申请受理之日起二个月内未通知买方，或者自收到买方催告之日起三十日内未答复的，视为解除合同，买方应及时进行申请退款等合同解除工作。

2. 卖方破产申请被法院受理时，买方如有根据物资采购合同应向卖方支付的货款，应向管理人支付。但由于卖方进入破产程序，履约能力存在较大不确定性，如卖方尚未交货，买方应在管理人提供适当担保后再支付，管理人不提供适当担保的，买方可不付款并视为合同解除。

3. 卖方因破产无法履行供货义务，应当退还买方货款并支付违约金、赔偿损失的，买方应向管理人申报上述债权，并通过参加债权人大会、债权人委员会并行使表决权及卖方财产变价、分配等法定程序，争取最大限度实现上述债权。

以案释险

案例 69　卖方进入破产清算程序后，买方应向破产管理人支付货款——甲电池公司与乙电池科技公司对外追收债权纠纷［广东省深圳市中级人民法院（2019）粤 03 民初 2838 号］

法院于 2016 年 2 月 4 日依法裁定受理甲电池公司破产清算一案，并指定了管理人。甲电池公司与乙电池科技公司之间存在长期业务往来。经双方对账，截至 2016 年 12 月 31 日，乙电池科技公司尚欠甲电池公司货款 668378.41 元。经管理人通知催收，在 2017 年 6 月至 2018 年 5 月期间，乙电池科技公司陆续通过银行转账的形式向甲电池公司管理人偿还货款共计 450000 元。2018 年 8 月 16 日，乙电池科技公司向管理人出具说明确认尚欠甲电池公司货款218378.41元。管理人代表甲电池公司提起诉讼，要求乙电池科技公司支付拖欠货款。

法院认为，人民法院受理破产申请后，破产企业的债务人或者财产持有人应当向管理人清偿债务或者交付财产，甲电池公司已进入破产清算程序，要求乙电池科技公司向管理人支付货款有事实和法律依据，予以支持。

法条索引

企业破产法（主席令第54号）

第十七条 人民法院受理破产申请后，债务人的债务人或者财产持有人应当向管理人清偿债务或者交付财产。

债务人的债务人或者财产持有人故意违反前款规定向债务人清偿债务或者交付财产，使债权人受到损失的，不免除其清偿债务或者交付财产的义务。

第十八条 人民法院受理破产申请后，管理人对破产申请受理前成立而债务人和对方当事人均未履行完毕的合同有权决定解除或者继续履行，并通知对方当事人。管理人自破产申请受理之日起二个月内未通知对方当事人，或者自收到对方当事人催告之日起三十日内未答复的，视为解除合同。

管理人决定继续履行合同的，对方当事人应当履行；但是，对方当事人有权要求管理人提供担保。管理人不提供担保的，视为解除合同。

第四十五条 人民法院受理破产申请后，应当确定债权人申报债权的期限。债权申报期限自人民法院发布受理破产申请公告之日起

计算，最短不得少于三十日，最长不得超过三个月。

第四十八条第一款　债权人应当在人民法院确定的债权申报期限内向管理人申报债权。

第四十九条　债权人申报债权时，应当书面说明债权的数额和有无财产担保，并提交有关证据。申报的债权是连带债权的，应当说明。